AF452448

# MÉMOIRE

## SUR L'INSTRUCTION

### ET

## SUR L'EDUCATION NATIONALE.

*Avec un Projet de Décret & de Règlement Constitutionel pour les jeunes gens réunis dans les Ecoles publiques.*

*Suivi d'un Essai sur la manière de concilier la surveillance Nationale, avec les Droits d'un père sur ses enfans, dans l'Education des Héritiers présomptifs de la Couronne.*

*Par Léonard Bourdon ( de la Crosnière ), Avocat, l'un des Electeurs de 1789, & des Représentans de la Commune de Paris.*

## A PARIS,

### L'AN SECOND DE LA LIBERTÉ.

De l'Imprimerie de CAILLEAU, l'un des Electeurs du Département de Paris, rue Galande, Nº. 64.

Et se vend chez ledit Imprimeur & chez les principaux Libraires au Palais-Royal.

# ERRATA.

Pag. 10. Lign. 2. De la perfection auquel.
*Lisez* à laquelle.
Page 17, ligne 8, tranfmit.
*Lisez* tranfmis.

# AVIS.

LA partie Morale de cet ouvrage, n'est, à proprement parler, qu'une nouvelle édition de celui que je fis imprimer en 1788, & auquel par anticipation, je donnai le titre de Plan d'Education Nationale, titre bifarre alors, puifque nous n'avions point de Nation, & que l'on ne pouvoit raifonnablement efpérer que la Révolution fut fi prochaine.

Quoiqu'il en foit, je pris pour bafes de mon Plan, le droit naturel, la liberté & l'égalité; je fentis que les jeunes gens, avec les mêmes principes d'activité, de fenfibilité, d'intelligence que les hommes faits, étoient fufceptibles d'être conduits par les mêmes motifs que ceux-ci, & qu'il étoit néceffaire qu'ils le fuffent; avant que la Déclaration des Droits fut faite, mon Plan préfentoit les moyens d'en faire l'application à la jeuneffe, & dans mes idées, celle-ci étoit déjà libre.

Ce Plan parvint jufqu'aux Miniftres d'alors, & foit qu'ils n'apperçuffent point ce qu'il promettoit au pouvoir arbitraire, qu'ils ne confidéraffent pas que des hommes qui, dès l'enfance, auroient vécu libres, qui auroient faits euxmêmes leurs loix, & qui n'auroient jamais dé-

*a ij*

pendu de la volonté des *perfonnes*, feroient peu propres à la fervitude dans l'âge mûr, foit enfin qu'ils viffent, fans inquiétude, entre les mains de la jeuneffe, des armes qui, lorfque depuis l'Affemblée Nationale les a fait paffer dans celle des hommes faits, ont conquis la liberté, ce Plan trouva graces à leurs yeux, on le jugea propre à *amener les règlemens des Écoles Militaires au degré de modération & de fimplicité convenables*. ( *Lettres miniftérielles.* )

On m'encouragea à l'exécuter par des Lettres-Patentes du 5 Octobre 1788, dans le préambule defquelles les Droits de l'homme font en quelque forte vifés, & qui accordoient, fous la protection du Roi, le titre & les prérogatives des Écoles Royales, à l'établiffement deftiné à cette exécution.

*On m'affura que le Roi me confieroit des Élèves Militaires, afin de juger du fuccès de mes idées & d'en profiter.* ( *Let. min.* )

Avec mes Lettres-Patentes & cette affurance, je me déterminai à former cet établiffement.

Les Miniftres qui s'apperçurent apparemment que leur Religion avoit été furprife, ne fe crurent point obligés à tenir leurs promeffes, & ce traité dont j'avois rempli, *à ma ruine*, les conditions onéreufes, eft refté fans exécution de leur part.

Associé par le choix de mes Concitoyens à toutes les opérations qui ont précédé, accompagné & fuivi l'époque de la liberté, je n'ai vu dans la

Révolution qu'un nouveau motif d'espérer que mes idées, absolument Constitutionelles, fixeroient l'attention de nos Législateurs.

Encouragé par le suffrage de la Municipalité de Paris, consigné dans un Arrêté du 23 Mars dernier, je me suis présenté à la Barre, j'ai fait hommage à l'Assemblée Nationale de mes travaux, & je l'ai sollicitée d'encourager par son suffrage une Expérience dont les résultats lui prouveront jusqu'à quel point ses principes régénérateurs peuvent fixer l'attention de la jeunesse & la rendre à la fois libre & docile. plus instruite & plus heureuse.

Sans cette expérience faite avec le concours de tous les hommes instruits, nous ne parviendrons jamais à des méthodes simples & uniformes sur la partie Morale de l'Education, & nous n'aurons une Education vraiment Nationale, que lorsque l'expérience nous aura fait découvrir ces méthodes & en aura justifié l'excellence.

La faveur avec laquelle l'Assemblée a daigné accueillir ces idées de Constitution pour la jeunesse, & de distinction de pouvoirs entre les Instituteurs & leurs Elèves, m'ont encouragé à lui en présenter ici l'ensemble, afin qu'elles fussent mieux appréciées, lorsque le Comité de Constitution. qui en est chargé par le Décret du 31 Mai dernier, & qui l'étoit déjà par celui du mois d'Octobre 1789, lui en fera le rapport.

# ARRÊTÉ

## DE LA

## MUNICIPALITÉ DE PARIS.

### DÉPARTEMENT DES ÉTABLISSEMENS PUBLICS.

## *EDUCATION PUBLIQUE.*

LECTURE faite d'un Mémoire préfenté par M. BOURDON DE LA CROSNIERE, l'un des Electeurs de la Ville de Paris en 1789, aujourd'hui l'un des Repréfentans de la Commune, fur la néceffité de former une Ecole d'Expérience, dans laquelle on s'occupe de la recherche & du perfectionnement des méthodes propres *à rendre appliquables & pratiques à la jeuneffe les principes de la Conftitution Fran-çoife*, avec les modifications que la différence d'âges & d'intérêts exige ; enfemble d'un Plan *d'Education Nationale* du même Auteur, imprimé & préfenté au Roi dès 1788, & fur lequel eft intervenu un Arrêt du Confeil revêtu de Lettres-

Patentes en date du 5 Octobre de la même année, par lequel, en rendant juſtice aux vues d'utilité & de bien public que renferme ce Plan, & en conſacrant pour ainſi dire d'*avance* les principes de *liberté* & d'*égalité* qui en ſont la baſe, Sa Majeſté lui accorde ſa protection d'une manière ſpéciale & en autoriſe l'exécution, ſous le titre de Société Royale d'émulation.

Le Département des Etabliſſemens publics conſidérant, qu'une des choſes les plus importantes eſt de répandre dans l'eſprit de la jeuneſſe ces principes heureux d'une Conſtitution nouvelle formée par la Nation, que le Roi a promis de ſoutenir, & dans leſquels il a juré d'élever ſon Fils; que c'eſt répondre aux vues bienfaiſantes & Citoyennes de ce généreux Monarque, que de prendre pour baſes de l'éducation, ces mêmes loix qui doivent diriger l'éducation du Prince deſtiné à gouverner la France; que c'eſt établir entre le Monarque & les Sujets cet accord & cette union de ſentimens, qui peuvent ſeuls promettre le bonheur; que le vœu de Sa Majeſté, exprimé dans l'Arrêt du Conſeil, ſembloit avoir prévenu les circonſtances; que, s'il en eſt d'heureuſes pour la formation de pareilles Ecoles, ce ſont celles où régénérés dans nos loix, dans nos idées, nous avons beſoin de l'être dans nos ſentimens; CROIT qu'il eſt de l'intérêt de la Ville & de tous les pères de famille de ſeconder ce projet d'Education Natio-nale, & qu'on doit accorder toute protection & tout appui à l'eſſai qui eſt propoſé & qui doit être fait & dirigé publiquement, ſous les yeux des Adminiſtrateurs publics, & *ſous l'influence directe des Pères de famille* & des hommes inſtruits appellés à y concourir; invite les bons Citoyens à ſe réunir pour aſſurer le ſuccès de ces expé-riences patriotiques, & préparer ainſi la régéné-ration de l'Education publique, & l'établiſſement d'Ecoles où les enfans des Citoyens, goûtant de bonne heure les avantages de *la vraie liberté & de l'égalité civile*, apprennent à en connoître le prix, à en défendre les principes, à en re-pouſſer les abus, & à ſe préparer leur bonheur & celui de la génération future. Fait au Départe-ment des établiſſemens publics, le 29 Mars 1790. *Signé* BROUSSE DES FAUCHERETS, Lieutenant de Maire, CHAMPION, BUOD, D'HERVILLY, DELTUF DESROSIERS, BEAUFILS, Conſeillers-Adminiſtrateurs.

Vu, BAILLY, Maire.

MÉMOIRE

# MÉMOIRE

## Sur l'Instruction & sur l'Éducation Nationale.

### De l'Éducation publique en général.

LE majestueux édifice de la Constitution Françoise s'élève à vue d'œil : une année est à peine
révolue depuis que sa première pierre a été posée,
& déjà il semble être l'ouvrage de plusieurs siècles,
déjà il a bravé tous les efforts des ennemis publics conjurés contre lui.

Mais après avoir fait la Révolution pour rétablir
l'homme dans ses droits trop long-tems usurpés,
il est nécessaire encore de préparer des hommes
nouveaux dignes de jouir de la Révolution &
propres à la maintenir : ce n'est que par la régé-
nération de l'Éducation publique, que les vrais
principes pourront s'affermir, que se développera,
dans toute son énergie, l'esprit public.

A

Mais dans cette partie fi intimement liée à la Conftitution, il ne fuffit pas de détruire quelques abus, de réformer quelques pratiques vicieufes, il faut, ainfi que nos régénérateurs l'ont jugé néceffaire pour toutes les autres parties, tout renverfer pour tout reconftruire : transformer des Écoles de préjugés, d'ignorance & de fervitude, en Écoles d'où fortent des hommes libres, vertueux & éclairés : il faut, que l'Éducation publique marche de pair avec la Conftitution, que toutes les habitudes qu'elle communiquera, foient des habitudes Nationales ; il faut enfin que les facultés morales, intellectuelles & phyfiques de la jeuneffe acquièrent par l'inftruction, l'ufage & l'expérience, tout le développement dont elles font fufceptibles.

L'objet de l'Éducation eft de conferver aux hommes leurs formes naturelles, d'inftruire la jeuneffe à bien faire ce qu'elle aura à faire toute fa vie, d'aider fon inexpérience des lumières & de l'expérience de tous les fiècles, de lui apprendre à fe fervir de toute l'activité de fon ame pour être heureufe ; & comme dans l'état focial le bonheur de chaque individu eft le réfultat du bonheur général, que ce n'eft qu'en confpirant à celui-ci qu'on peut fe procurer l'autre, la première leçon doit-être, qu'il ne faut pas faire à autrui ce qu'on ne veut pas qui nous foit fait, la feconde, que la

Société est un Corps dont tous les Membres ont entre eux une correspondance nécessaire de besoins & de secours, de prospérités ou de souffrances, & toutes ces leçons doivent être pratiques.

L'homme n'est pas né méchant, car il feroit toujours le mal; il n'est pas né bon, car il feroit nécessairement le bien; il naît avec l'instinct nécessaire à sa conservation, qui s'identifie avec le desir & le besoin du bonheur; mais il naît aussi dans l'ignorance qui l'expose à se tromper dans le choix des moyens propres à satisfaire ce besoin; c'est à l'Éducation à l'éclairer, à lui faire sentir la nécessité de contribuer au bonheur des autres, afin qu'il ne troublent pas le sien, à lui faire éprouver que le bonheur n'est que dans l'usage modéré de toutes ses facultés; & comme l'usage modéré de nos facultés est la vertu, nous serons vertueux dès que nous connoîtrons l'art d'être heureux.

Quoique l'Éducation publique, la seule sur laquelle la loi puisse avoir une influence directe, soit l'objet unique de nos travaux, nous croyons nécessaire de jetter un coup-d'œil rapide sur les Éducations particulières que quelques Ecrivains ont affecté de regarder comme préférables sous tous les rapports à l'Éducation commune.

En opposant ces deux modes d'Éducation entre

( 4 )

eux, on jugera auquel est dûe la préférence ; on
se convaincra peut-être que, si la loi ne peut pas
proscrire les Éducations particulières, parce qu'elle
blesseroit la liberté, elle doit au moins travailler
à détruire les préjugés qui luttent en leur faveur,
& les regarder comme aussi contraires aux individus, que funestes à la Société.

L'Éducation particulière & isolée ne convient,
sous aucuns rapports, à un Être né pour la Société :
destiné à vivre parmi les hommes, à traiter avec
eux, à concilier son bonheur avec le leur, il faut
qu'il apprenne l'art de les connnoître ; & ce n'est
point par la théorie, ce n'est que par une pratique suivie, qu'en vivant avec ceux de son âge,
avec des égaux, qu'il peut y parvenir. Quelles
lumières sur cette science si abstraite un enfant
peut-il acquérir au milieu de gens plus forts, plus
âgés que lui, dont toutes les passions sont étran-
gères à celles de son âge, & ne peuvent qu'éblouir
ses regards encore mal assurés ? cette Éducation
éloigne directement en outre du vrai but : tous les
objets qui entourent les enfans des riches leur
donnent des idées fausses & diamétralement contraires à celles qui sont consignées dans la Déclaration des Droits. Tout tend à leur persuader que
le plus grand nombre des hommes est fait pour
eux, qu'ils peuvent donner un libre champ à tous

leurs defirs, que fans travail, fans efforts, ils doivent jouir de tout ; environnés d'Etres que le befoin
a réunis autour d'eux, & qui font intéreffés à les
tromper ; jouets des paffions des autres qui deviennent les leurs, comment pourroient-ils échapper
à l'erreur ? auffi entrent-ils la plupart dans la
Société, avec des notions fauffes & des difpofitions
nuifibles ; l'amour-propre mal-entendu, parce qu'il
a été mal dirigé, eft devenu vanité, orgueil,
éloignement de toute occupation utile, & le defir
qui, maintenu par la modération dans un jufte
équilibre avec les vrais befoins, devoit être un
moyen de bonheur, renverfe bientôt les bornes
que la juftice & les droits des autres lui prefcri-
voient, & n'en connoît plus d'autres que celles de
la fatiété, du dégoût, & de l'épuifement.

L'éducation publique au contraire, lorfqu'elle
fera dirigée par la nature & par la raifon, fera effen-
tiellement bonne ; c'eft là, que la précieufe Ega-
lité inftruira de l'égalité naturelle, que l'on apprendra que le mérite feul peut procurer l'eftime,
la confiance & la confidération publique ; c'eft
là, que la concurrence & l'émulation feront germer & mûrir les talens ; que le choc des paffions
dans leur fimplicité première, procurera de grandes
& importantes leçons ; ce n'eft enfin que dans
cette pofition que la jeuneffe peut faire des effais,

A 3

acquérir l'expérience , prendre la vraie manière d'être heureufe , & fe former à l'état focial , c'eft à-dire à la Conftitution ; la conféquence de cet expofé fidèle , c'eft que l'éducation ifolée eft contraire à l'intérêt général de la fociété , & qu'elle sera funefte à l'intérêt particulier de ceux qui l'auront reçue , en raifon de l'excellence de la Conftitution fous laquelle ils auront à vivre.

Mais fi l'on compare le tableau que nous venons d'efquiffer , avec celui de notre éducation actuelle , les avantages inapréciables qu'offre l'une avec les vices & la difformité de l'autre , on refpectera la prudence des parens qui ont cru devoir en éloigner leurs enfans.

L'éducation actuelle digne de la barbarie des fiècles qui ont été fon berceau , affervie à d'antiques préjugés , & à l'influence de l'ancien gouvernement , eft auffi éloignée du nouvel ordre de chofes , que l'intérêt général a prefcrit d'établir, que contraire au développement naturel des facultés de l'homme. Mais, pour que des hommes renonçaffent à se donner des loix dictées par la volonté générale , il falloit dès l'enfance les faire plier sous la volonté arbitraire ; pour qu'ils vécuffent efclaves les façonner à l'efclavage ; pour qu'ils rampaffent toute leur vie fous le joug du préjugé , y courber leur tête dès l'âge le plus tendre ; étouffer le germe d'activité que la nature a mise dans leur âme, en les tenant toujours dans un état paffif ; les empêcher enfin de devenir hommes, en les forçant de refter dans une longue enfance.

Les dix années les plus precieufes de la vie fe trouvent confumées à apprendre quelques mots d'une langue morte, & ces années font prefque entièrement perdues d'ailleurs pour le développement du cœur & de l'esprit, pour toutes les connoiffances fociales. C'eft par les fens que fe forment nos idées ; c'eft par la combinaifon de nos idées que nous arrivons lentement à la raifon ; dans l'état actuel, on parle à la raifon qui n'exifte pas, & l'on n'eft pas entendu ; on n'a pas réfléchi que des idées abftraites, demandent un jugement formé.

Au lieu d'inftruire la jeuneffe à diriger fes paffions, il semble qu'on ait pour but de les empêcher de naître, il femble qu'on regarde comme des préfens funeftes de la nature, ces principes d'activité & de bonheur : auffi la jeuneffe contrariée fans ceffe, ne voit dans ceux qui la gouvernent que des hommes plus grands & plus forts qui n'ufent de la fupériorité de leurs moyens que pour la tourmenter : sous les yeux de ceux-ci, ce sont des esclaves en présence du Commandeur ; loin de la vue de ces censeurs fâcheux, ils secouent une contrainte importune, ils se livrent impunément à leurs passions déréglées que la crainte seule empêchoit d'agir.

Ainsi règnent dans ces petites sociétés à peu-près tous les abus & tous les désordres qui, jusqu'ici, ont fait le malheur de la grande société : le défaut d'intelligence, ou plutôt la haine entre les gouvernans & les gouvernés, l'inapplication & le dégoût du travail, les délations, le mensonge & la fausseté, l'insouciance qui ôte à l'ame son énergie ; de-là, cette corruption prématurée, fléau terrible qui ravage toute les écoles publiques ; qui chaque année dévoue à la mort plusieurs victimes à la fleur de l'âge, & qui énerve le corps & l'âme de ceux qui ont pu se soustraire à une destruction totale : enfin la considération publique, le besoin de l'estime de soi-même, & de l'estime des autres qu'on ne regarde que comme des compagnons de servitude, y sont généralement inconnus.

On conçoit qu'avec un régime d'éducation si peu raisonnable, la société doit se peupler d'êtres ignorans & vicieux, malheureux & injustes ; on conçoit encore combien il est nécessaire que l'Assemblée Nationale ne juge pas au-deſſous d'elle d'entrer dans tous les détails de cette partie ſi intimément liée à la Conſtitution ; il n'en eſt aucun qui ne mérite ſes regards & ſon attention.

––––––––

Ce Mémoire ſe diviſe en deux objets : l'inſtruction & l'éducation Nationale.

L'inſtruction nationale eſt celle que la Nation doit à tous les enfans qui naiſſent dans ſon ſein , & dont le but eſt de les mettre à portée d'acquérir *gratuitement* les connoiſſances néceſſaires à un Citoyen actif. L'Inſtruction en général s'étend ſur tous les objets de connoiſſances propres à développer les facultés intellectuelles ; cette Inſtruction n'eſt pas dans le cas d'être donnée gratuitement par la Nation, mais elle doit être dirigée uniformément dans le Royaume , d'après les principes & les règles que poſera l'Aſſemblée Nationale , & miſe à la portée du plus grand nombre de Citoyens poſſibles.

L'Éducation Nationale , proprement dite, s'applique uniquement à la partie morale ; elle a pour objet, de faire faire aux jeunes gens réunis en ſociété dans les écoles publiques, l'apprentiſſage de la vie, de leur donner des formes & des habitudes conſtitutionelles , & de leur rendre familiers par la *pratique* les droits & les devoirs du Citoyen.

## De l'Instruction Nationale.

Si je voulois avoir l'idée de la perfection auquel l'état social peut atteindre, je me repréfenterois une fociété dans laquelle tous les enfans des Citoyens feroient en naiffant les enfans de la Patrie, élevés en commun & diftribués enfuite d'après leurs difpofitions & leurs talens dans les différens emplois ou profeffions publiques.

Mais fi nos mœurs s'oppofent à ce que nous parvenions jamais à cet état, s'il doit toujours y avoir des propriétés héréditaires qui, en contrariant l'égalité naturelle, difpenfent ceux qui en ont à recueillir, des efforts & de l'induftrie que le défir de multiplier leurs jouiffances infpire aux autres hommes ; au moins faut-il que les enfans du Citoyen le plus pauvre, fi la nature leur a donné du génie ou des taleus, trouvent dans la fociété les moyens de les développer, & ne voyent aucune place, aucun rang auxquels le mérite ne puiffe prétendre.

Ainfi, l'inftruction Nationale eft une dette de la fociété, & c'eft une dette qu'elle a le plus grand intérêt de payer.

Tous les Citoyens étant appellés à concourir à la formation de la loi qui n'eft que le réfultat de la volonté générale, tous ayant des droits à exercer & des devoirs à remplir, doivent être également instruits & de leurs droits & de leurs devoirs ; l'Instruction est l'amie & la compagne de la liberté & le plus redoutable fleau du despotisme.

La Société commencera à remplir ses obligations à cet égard, en établissant dans chaque canton du Royaume une École *gratuite* dans laquelle l'Instruction comprendra toutes les connoissances élémentaires qui conviennent à un homme libre, soit qu'il soit destiné à remplir sa tâche de Citoyen dans la classe active & honorable des Laboureurs & des Artisans, soit que des talens particuliers l'appellent à influer plus directement encore sur le bonheur de sa Patrie.

Nous avons pensé que l'Instruction de ces premières Écoles devoit consister, dans les principes de la religion, de la morale & de la constitution, la lecture, l'écriture, le calcul, le toisé & les élémens de l'économie.

Ces Écoles de canton, dans lesquelles l'Instruction sera uniforme & confiée à des hommes propres à remplir les vues de la Nation, parce qu'ils seront choisis avec discernement, tiendront lieu des différentes Écoles de Paroisse, qui existent actuellement, & seront établies avec les fonds de celles-ci, sauf aux Administrateurs des Départemens à en augmenter le nombre dans les cantons dont la superficie seroit trop considérable.

## De l'Instruction en général.

En établissant les Écoles de canton, la Nation n'a fait que s'acquitter d'une dette rigoureuse ; mais il est d'autres établissemens nécessaires pour remplacer tous les Colléges actuels, & remplir sous tous les rapports les grandes vues que l'Assemblée Nationale doit avoir sur l'Éducation publique.

Dans les principales Villes Chefs-lieux de District, il seroit établi une seconde École, dite Ecole de District, dans laquelle l'Instruction seroit élémentaire de toutes les connoissances relatives aux différens emplois de la vie.

Cette Instruction se diviseroit en neuf objets principaux.

La Religion.

Les Loix Morales, Constitutionelles & Civiles, & les formes de procéder.

Calculs, changes, tenue des Livres & autres élémens de Commerce.

Elémens d'Histoire naturelle, d'Economie & de Méchanique.

La Langue Françoise par principes.

Les Belles-Lettres, Fable, Histoire, Géographie.

La Réthorique & la Logique.

Le Dessin.

Les Mathématiques.

Dans ces Écoles, tous les exercices gymnastiques propres à donner de la grace, de la force & de la souplesse, seront pratiqués ; la natation, l'escrime, l'exercice des armes, doivent faire partie de l'éducation d'un peuple libre toujours armé pour la défense de sa liberté.

Dans toutes les Villes Chefs-lieux de Département, il seroit établi une troisième Ecole, dite Ecole de Département, dans laquelle, outre les objets d'instruction des Ecoles de District, on enseigneroit le Latin, le Grec, l'Allemand & l'Anglois : La Musique vocale & la Danse : les Elémens de la Politique, de la Tactique & du Génie (1).

Dans ces différentes Ecoles, & même dans celles de Canton situées dans les Villes où les Officiers Municipaux le jugeroient convenable, il seroit établi un Pensionnat dont le prix seroit fixé en

---

(1) Dans la ville de Paris il seroit établi des Chaires de Professeurs de toutes les langues, de toutes les sciences.

raiſon des convenances locales & de la nature de l'Inſtruction.

Le Cours d'études dans les Écoles de Diſtrict & de Département, ſeroit de neuf années (1).

Nul ne ſeroit reçu dans les unes ou dans les autres, qu'après avoir fréquenté les Écoles du Canton, au moins pendant trois années, & qu'après un examen qui prouve qu'il eſt ſuffiſamment inſtruit des objets qui font la matière de l'inſtruction des premières Ecoles. Ce qu'on exige ici a deux grands motifs : le premier d'habituer l'enfant né dans l'aiſance, à aimer tous ſes concitoyens, & à ne voir en eux que ſes égaux : qui ne connoît pas l'aſcendant qu'ont ſur toute la vie, les douces habitudes de l'enfance ?

Le ſecond, de faire ſentir de bonne heure aux enfans la néceſſité de l'application au travail.

Lorſque les enfans ont fait leur ſtage dans l'École de Canton, les parents ſont libres de les faire paſſer ſoit à l'École du Diſtrict, ſoit à celle du Département, ſuivant leurs moyens. Dans la première, les frais de l'inſtruction ſont ſupportés, partie par les fonds publics, partie par

--------------------------------------

(1) Le Cours d'Etudes conduiroit les jeunes gens juſqu'à vingt ou vingt-un ans.

les Elèves du dehors, ( 1 ) partie par les Penfionnaires.

Dans la feconde au contraire, où les frais de
l'inftruction font plus confidérables, ces frais font
entièrement à la charge des Elèves. Celle-ci eft
deftinée à ne laiffer aucun prétexte aux Éducations particulières, & à obvier au très-grand
inconvénient, qu'un jeune homme puiffe avoir
des maîtres qui ne feroient pas communs à tous
fes camarades, ce qui feroit naître la vanité &
la jaloufie, en détruifant l'égalité.

Nous obferverons encore, fi l'on veut que
jamais ces petites paffions qui fauffent le juge-

---

(1) Trois fois la femaine il y auroit des Leçons extérieures
dans les Ecoles de Diftrict & de Département pour les jeunes
gens du dehors ; chaque leçon feroit fixée à une fomme très-
modique, qui ne pourroit pas excéder 2 livres dans les premières, & 3 livres dans les autres, par mois ; ainfi on donne
aux parens les moins aifés, la facilité de procurer à leurs
enfans les connoiffances particulières qu'ils jugeroient utiles
pour l'état auquel ils feroient deftinées. On conciliera ainfi les
intérêts de la partie la moins aifée des Citoyens, avec l'Inftruction qu'ils défireront procurer à leurs enfans, fans qu'il
en réfulte aucun inconvénient, & fans expofer les élèves du
dedans à la diffipation, ou même à la corruption que fouvent
les jeunes gens du dehors, connus fous le nom d'Externes,
apportent dans les Colléges.

mènt & rapétissent l'âme , ne trouvent accès dans le cœur de la jeunesse, qu'il faut absolument que l'égalité soit absolue , sous tous les rapports, entre des jeunes gens elevés en société , même pour le vêtement; que l'entretien des jeunes gens fait en commun , & avec des étoffes communes , sera plus économique pour les parents les moins aisés , que s'il y pourvoyoient directement eux-mêmes; que la nouriture saine, mais frugale, est celle qui convient le mieux à la jeunesse , & que le prix des pensions peut-être en général très-modique , principalement dans les Écoles de canton & district.

## Des Bourses.

Il existe un nombre considérable de fondations très inégalement ditribuées dans les différents départements du royaume, dont l'objet est de procurer des secours à des enfants pauvres , pour faire leurs études.

Ces bourses distribuées sans examen & sans choix, enlevoient à la culture de la terre & aux arts mécha-niques , une multitude de sujets sans talents , dont la plupart ne servoient qu'au repeuplement des séminaires & des cloîtres.

Ces secours distribués avec choix & avec discerne-
men

ment aux enfans pauvres qui annonceroient des talens dont le développement pourroit devenir utile à la chofe publique, rempliront leur véritable deftination ; & déformais, la nature n'aura pas fait un préfent inutile au monde, en faifant naître dans l'obfcurité un homme de génie.

Quant au droit de nomination qui a été tranfmis aux héritiers des fondateurs, ceux-ci l'exerceront fans peine en faveur des enfans qui en feront jugés les plus dignes, & qui feront les plus à portée d'en profiter. Le cas où un defcendant du fondateur auroit befoin de ce fecours pour faire fes études, eft la feule exception qu'on puiffe apporter à cette règle de diftribution.

Toutes ces bourfes qui font en grande partie attachées aux Colléges des grandes villes, feront reportées dans les Écoles de Diftrict du Département où feront fitués les biens affujettis à la fondation ; il eft jufte que le revenu fe confomme où la terre le produit ; d'ailleurs il y aura une grande économie, par la différence dans le prix des denrées.

Une grande partie de ces bourfes font en fonds de terres dont la valeur a beaucoup augmenté depuis la fondation ; mais ces terres n'étant point cultivées par des mains propriétaires, étant, comme tous les biens de main-morte, fujettes à une mauvaife

B

administration, le revenu n'a pas suivi la progreſ-
ſion de la valeur du fonds.

Ne ſeroit-il pas plus avantageux ſous tous les
points de vue que l'Aſſemblée Nationale, lorſque
les Départemens lui auront fait paſſer l'état de ces
fonds, en décrétât la vente ? Il eſt certain que non-
ſeulement les bourſiers actuels à qui les bourſes
ne fourniſſent que la nourriture, y trouveroient
encore le vêtement & l'entretien, mais qu'il
ſeroit poſſible en outre d'en augmenter le nombre
( 1 ). Quoique notre plan puiſſe paroître vaſte,
nous eſpérons que l'économie qui réſultera de
l'organiſation conſtitutionelle que nous propoſons,
en remplacement des Univerſités & des Colléges
actuels, donnera le moyen d'établir, ſucceſſive-
ment dans tous les Départemens, & d'une manière
proportionelle, le nombre de Bourſes néceſſaires
pour faciliter le développement des hommes de
génie.

DANS toutes les Écoles on fera fréquemment
la récapitulation des études ; à différentes époques
de l'année, il y aura des examens publics dans

---

( 1 ) Il y a telle bourſe qui, fondée il y a trois ou quatre
cens ans en fonds de Terre, ne repréſente encore aujourd'hui
que la nourriture du Bourſier, quoique ſon produit s'élève à
près de 1500 livres.

lefquels tous les élèves , indiftin&ement , feront
fucceffivement interrogés fur les objets de leurs
études.

C'eft d'après le réfultat de ces examens , que
chaque École de canton fera paffer , lorfqu'une
Bourfe fera vacante , les deux fujets les plus
diftingués, à l'École de Diftriât voifine , & c'eft
dans cette École que le concours fera ouvert
entre tous les prétendans.

C'eft encore d'après ces examens , que chaque
année les Écoles de Diftriât feront paffer deux
fujets d'élite à l'École de Département où ils
feront reçus pour le prix de leurs Bourfes ou de
la penfion qu'ils payoient dans la première.

NOUS avons propofé jufques ici trois degrés
d'inftruâion : le premier, dans les Écoles de canton,
où les enfans des Citoyens riches ou pauvres ont
une inftruâion commune & gratuite, l'Inftruâion
*Nationale*, l'Inftruâion qui convient à un homme
libre ; & où ils prennent des leçons d'égalité.

Le fecond , dans les Écoles de Diftriât , où
l'Inftruâion plus étendue, élémentaire des Sciences
& des Arts principaux , & dont les frais font en
partie à la charge des fonds publics , eft acceffible
aux enfans de la prefque totalité de Citoyens.

Le troifième , dans les Écoles de Département,
qui , en réuniffant tous les genres d'Inftruâion &

les moyens d'éducation les plus étendus, détruisent le prétexte le plus spécieux des éducations particulières, & cependant laissent à la portée des Citoyens les moins aisés, le genre d'Instruction qu'ils n'auroient pas trouvé dans les Écoles de District.

L'ENFANT le plus pauvre est admis à l'Instruction des Écoles de canton, puisqu'elle est gratuite ; il y développe des talens, il passe gratuitement à l'École de District ; dans cette École ses talens se perfectionnent, le concours lui est ouvert ; il est vainqueur, il est reçu dans l'École de Département.

Ainsi nous n'avons pas perdu de vue un seul instant les intérêts de la classe la moins fortunée, & nous avons cherché à la mettre dans le cas de profiter de l'article de la Déclaration des Droits, qui ouvre au mérite toute la carrière que la confiance publique & l'intérêt de la Société peuvent lui faire parcourir ; article qui deviendroit illusoire, si on ne débarrassoit pas dès son aurore le génie né dans l'obscurité, de la multitude d'obstacles & d'entraves qui s'opposent à son développement.

Mais nous avons peu fait encore pour cet homme de génie, que la nature a formé pour donner de nouvelles lumières à son siècle, pour étendre l'empire des sciences utiles, & reculer les bornes de l'entendement humain ; nous n'avons pu jufques ici que lui faire franchir l'intervalle immenfe qui le féparoit des enfans du riche Citoyen ; ouvrons-lui déjà, & même avant fon entrée dans la Société, une carrière nouvelle & plus brillante que feul il puiffe parcourir, & dont la fortune ou la faveur ne puiffent jamais lu i difputer l'entrée. Que la gloire d'être admis dans cette carrière, élève celui qui en aura été jugé digne, autant au-deffus des autres Elèves, que les talens & les vertus qui l'y auront porté, font au-deffus des avantages de la richeffe ou des caprices de la faveur.

Auprès d'un. monument précieux à l'humanité, d'un monument confacré à donner un afyle aux braves Citoyens de toutes claffes, de tout rang, qui ont confumé leurs jours & verfé leur fang pour la Patrie, s'élève un autre monument, deftiné à perpétuer cette maxime odieufe & ridicule, qu'il faut être né dans une claffe privilégiée pour obtenir des grades militaires, & dont en effet l'accès n'étoit ouvert qu'aux enfans des Nobles.

L'Inftitution de l'Ecole Royale Militaire n'a plus d'objet : les enfans de tous les Citoyens font admis à fervir la Patrie dans les grades que leurs talens leur affigneront ; déformais c'eft en appre-

nant à obéir, qu'ils apprendront à commander;
c'est dans le métier de soldat, qu'ils feront leur
éducation militaire ; ce n'est qu'après avoir passé
successivement par les différens grades dans lesquels ils feront leurs preuves, qu'ils parviendront
aux emplois supérieurs.

L'Ecole Militaire va remplir une destination
& plus noble & plus utile; convertie en *Ecole
Nationale*, devenue le centre & le foyer d'activité
de toutes les Écoles du Royaume, elle va présenter à l'heureuse union des talens & des vertus,
l'honorable & brillante perspective de porter ceux
qui en auront déployé le plus au jugement sévère
& infaillible du public, au rang d'Elèves de la
Nation : ainsi, d'un monument destiné à perpétuer
les outrages que le despotisme faisoit à l'humanité,
nous ferons un monument qui sera l'appui de
notre Constitution, & qui consacrera à jamais
les grands principes de *liberté* & *d'égalité* sur lesquels elle repose.

Tous les bâtimens, & une portion des revenus
de l'Ecole Militaire seront affectés à perpétuité à
l'Ecole Nationale (1).

_______________

(1) L'Ecole Militaire jouit d'a peu-près 2,400,000 liv.
de revenus en contrats; 1,200,000 livres suffiront pour
l'École Nationale; le surplus, les pensions & traitemens

Il sera établi dans l'École Nationale un nombre de places absolument gratuites, pareil à celui des Députés aux Législatures, & divisé dans la même proportion entre tous les Départemens du Royaume : ceux-ci rempliront les places qui seront à leur nomination, par les sujets qui, d'après le résultat des examens publics, ayant été admis au concours, en auront été jugés les plus dignes.

Les concours seront ouverts tous les ans dans les Écoles de Département.

Toutes les sciences, tous les beaux Arts, toutes les connoissances relatives aux différentes fonctions publiques : Commerce, Administration, Finances, Magistrature, Militaire, Négociation, seront enseignées dans l'Ecole Nationale dont les Élèves trouveront d'ailleurs dans la Capitale les grands modèles en tout genre.

Ce monument digne d'être compté au nombre des bienfaits de notre première Assemblée Nationale, sera le premier de ce genre qui ait existé dans l'univers ; aucun peuple ne nous en présente

---

des anciens Administrateurs ou Élèves prélevés, sera divisé entre tous les Départemens, pour augmenter les fonds destinés à l'Instruction publique. Le travail particulier pour l'École Nationale sera mis sous les yeux du Comité.

B 4

le modèle. Avec quel enthousiasme la Nation y calculera ses richesses ! sept à huit cens François, l'élite de toute la jeunesse du Royaume, enrichis de tous les dons, de toutes les faveurs de la nature, développés & perfectionnés déjà par une culture habile ! C'est de cette pépinière d'espèces rares & choisies avec discernement, que sortiront des hommes précieux en tout genre, qui répandus ensuite par toute la France, seront des colonnes inébranlables de la Constitution.

L'Ecole Nationale sera un nouveau centre de ralliement pour tous les Départemens du Royaume.

Tous les ans, il sera fait choix au concours, parmi tous les anciens Élèves de l'Ecole Nationale, d'un nombre déterminé de sujets qui, au frais de l'Ecole, voyageront pendant trois années dans les Pays étrangers.

Le brevet d'Elèves voyageurs de la Nation Françoise, sera le meilleur titre de recommandation pour ceux qui en seront honorés.

Nous ne vous arrêterons pas à démontrer les avantages de ces voyages ; s'ils seront utiles pour les jeunes Citoyens dont ils étendront les idées, dont ils perfectionneront le goût, les connoissances & les talens, ils le seront également à la France en ce qu'ils étendront ses relations avec toute l'Europe, & donneront à son commerce de sciences & de lumières, une plus grande activité.

Quant aux Élèves Militaires actuellement répartis dans différentes Maisons Religieuses ou Colléges, ils seront distribués suivant leur conduite & leurs talens, soit dans l'Ecole de District la plus voisine du domicile de leurs parens, soit dans l'Ecole de Département, soit même dans l'Ecole Nationale.

A l'avenir, il ne doit plus y avoir ce qu'on appelloit, Élèves Militaires; mais lorsqu'un fonctionnaire public quelconque laissera des enfans dans l'indigence, le Département sera obligé de pourvoir à leur instruction, & de les mettre à même de remplir l'état auquel leurs dispositions & leurs talens annonceront qu'ils sont propres.

### De l'Administration générale des Écoles.

Après avoir présenté nos idées, sur l'établissement des Écoles publiques, sur la manière d'y graduer l'Instruction & d'y mettre à la portée des enfans de tous les Citoyens les connoissances particulières auxquelles leurs dispositions les inviteroient, il est nécessaire d'exposer celles qui nous ont paru propres à maintenir dans ces Écoles, l'exécution des Décrets de l'Assemblée Nationale, & l'ordre & l'harmonie qui y feront établies.

L'Administration générale de toutes les Écoles du Royaume, doit former une chaîne non interrompue dont le premier anneau foit, fous les yeux des Législateurs, dans la main du Roi; cette partie de l'Administration eft trop étendue, a une influence trop directe fur la profpérité publique & fur le maintien de la Conftitution, pour n'être qu'un acceffoire à l'un des Départemens agens du pouvoir exécutif. Il faut un Miniftre occupé de cette branche principale, à laquelle tout ce qui tient directement ou indirectement à l'Inftruction publique, tous les établiffemens qui tendent aux progrès des fciences, des arts, & des connoiffances utiles à l'humanité, viendront fe réunir. C'eft fous l'influence du Monarque que les Affemblées de Département, celles de Diftrict & les Municipalités veilleront, chacune en ce qui les concerne, à l'obfervation des loix relatives à cette partie.

Dans chaque Ville un Confeil compofé de quelques-uns des Officiers Municipaux, des pères des Élèves choifis par les autres, & d'hommes inftruits commis à cet effet par les Adminiftrateurs publics, aura la furveillance des Écoles, préfidera aux examens publics, aux concours, &c.

Entre toutes les Écoles du Royaume s'établiroit une correspondance & une subordination que le bon ordre, le soin d'entretenir une grande émulation, l'uniformité dans les méthodes d'éducation & d'enseignement, & leur amélioration, rendent absolument nécessaires.

Ainsi, les Écoles de Canton correspondront à l'Ecole de District, celles-ci à l'Ecole de Département, & toutes les Écoles de Département à l'Ecole Nationale, Chef-lieu, centre général de correspondance, maison d'expérience, dans laquelle toutes les méthodes seront perfectionnées pour être répandues uniformément ensuite dans toutes les Écoles.

Ainsi, chaque École de District feroit passer fréquemment à l'Ecole de Département le tableau de sa situation morale, littéraire & physique, & ses observations sur tout ce qui peut tendre à l'amélioration. Ainsi, le tableau général de chaque École de Département feroit envoyé chaque année à l'Ecole Nationale.

Tous les Corps & Corporations qui s'étoient emparées du privilége exclusif d'instruire les hommes, & qui en avoient fait leur patrimoine, les Universités & leurs Facultés, doivent disparoître & s'anéantir devant cette organisation constitutionnelle ; leur destruction est l'unique moyen, peut-être, de dégager la vérité des chaînes ſous leſquelles l'ignorance, les préjugés & l'eſprit de domination qui s'établiſſent & ſe perpétuent dans les corps, la font gémir depuis ſi long-tems.

Les hommes vertueux & éclairés qui ſont attachés à ces corps, retrouveront. dans le nouvel ordre de choſes, un état préférable, parce que l'opinion publique dirigée par la ſageſſe des Décrets de l'Aſſemblée Nationale, les mettra à la place qui eſt dûe à l'importance de leurs fonctions, & parce qu'ils auront la douce ſatis-faction de voir, ſous un régime ami de la nature & de la raiſon, leur zèle & leurs travaux cou-ronnés du ſuccès.

### Des Inſtituteurs.

C'eſt du choix des Inſtituteurs que dépend le ſuccès de l'Education.

Sous ce nom générique, nous comprenons toutes les perſonnes chargées d'inſtruire & de diriger la jeuneſſe; & comme nous ſommes perſuadés qu'il ne faut pas en faire à pluſieurs fois pour former le cœur, l'eſprit & le corps, nous le ſommes également que les ſoins aſſidus & continuels qu'exige l'Education, ſous ces différens rapports, ſont indiviſibles entre ceux auxquels la Nation l'aura confié : le même nom doit être donné à tous ceux qui ont les mêmes fonctions.

Si l'on croit néceſſaire d'attacher à l'Education publique des Citoyens éclairés, des hommes d'un vrai mérite, il faut prendre les moyens propres à les attirer : la perſpective que préſente aujourd'hui la Société à ceux qui entrent dans cette carrière, d'arriver à une modique retraite inſuffiſante pour ſupporter les infirmités de la vieilleſſe, après un travail auquel ils ont conſumé toute leur vie, ne peut aſſurément pas produire cet effet ; d'ailleurs, le peu de conſidération qu'on a juſqu'ici attaché à ces importantes fonctions, a dû en éloigner ceux qui étoient les plus propres à les remplir.

L'homme qui aura été jugé digne d'être Inſtituteur public, doit être claſſé par la Loi dans le rang de Magiſtrat chargé de préparer le bonheur des générations naiſſantes, & d'aſſurer le maintien de la Conſtiturion.

Il ne doit voir aucune place, aucune fonction publique auxquels ſes talens, ſes vertus, & les ſervices qu'il aura déjà rendu à la Patrie dans l'état pénible d'Inſtituteur, ne puiſſent déterminer la confiance publique à le porter.

C'eſt ainſi qu'en Allemagne, en Angleterre & dans d'autres Pays où les titres les plus reſpectés font la récompenfe des Inftituteurs qui fe diftinguent dans leurs fonctions, par une conféquence prévue par les Légiflateurs, des gens du premier mérite, des Savans dont le nom eft connu dans toute l'Europe, ne dédaignent point l'honorable métier de former des hommes (1).

Il eft prefque impoffible que les fonctions d'Inftituteur public puiffent être bien remplies à tout âge : rarement l'homme dont l'âge murit, conferve t-il le caractère de douceur, de condefcendance & de gaieté qu'exige la jeuneffe ; au bout de quelques années le zèle & l'ardeur fe refroidiffent ; la monotonie des fonctions produit l'ennui ; la néceffité continuelle de fe baiffer vers la jeuneffe, pour gagner & conferver fa confiance, fatigue à la fin ; le tumulte des jeux d'un effain bruyant & inconfidéré, heureux appanage de l'innocence, diftrait dans l'âge des méditations, enfante le dégoût, & l'Inftituteur n'eft plus qu'un mercenaire qui n'afpire qu'à l'heure indiquée pour la ceffation des travaux.

---

(1) En France il ne s'agit que de faire un virement de parties, & de reporter fur les Inftituteurs d'hommes, fur les Directeurs des Écoles publiques, la confidération & les faveurs dont jouiffoient les Gouverneurs & Inftituteurs de chevaux, les Surintendans & Infpecteurs des haras.

Ces réflexions importantes auxquelles il seroit possible de donner plus d'étendue, nous ont conduit à penser que l'état de fonctionnaire public dans les Ecoles, ne devoit pas être ce qu'on appelle un état ; que, tant qu'il seroit un état, les hommes de mérite, c'est-à-dire l'espèce d'hommes seule qu'il convient d'y appeller, s'y présenteroient difficilement, & que les avenues des Ecoles seroient toujours assiégées par la foule des gens sans talent, sans mérite, qui ne s'y portent que parce qu'ils n'ont pas d'autre moyen d'existence.

Nous avons pensé qu'il falloit que les fonctions d'Instituteurs publics fussent, pour les sujets d'elite, pour ainsi dire, un état de passage entre la jeunesse & l'âge mûr, & que la manière de se procurer des hommes excellens seroit d'ouvrir un concours auquel tous les jeunes gens sortis des Ecoles publiques, & inscrits sur la liste des Citoyens, pourroient se présenter.

Quel précieux, quel nouveau motif d'émulation dans toutes les Ecoles ? quel est celui qui pourroit dédaigner des fonctions honorables & honorées ? quels avantages pour l'Education publique, lorsque de jeunes Citoyens, après s'être, pendant dix ou douze années familiarisés avec les vrais principes de l'ordre social, s'estimeroient heureux de payer déjà leur dette à la Société, & de consacrer, au moins pendant quelques années , les talens qu'ils ont acquis dans les Ecoles , à les développer dans les autres.

L'amitié , la confiance des Elèves pour d'anciens camarades arrivés par une conduite soutenue & des talens éprouvés au rang d'Instituteurs , la sympathie de goûts & d'habitudes , tout se réuniroit pour assurer le succès de l'Education.

Ainsi , les génies les plus brillans débuteroient dans la carrière par l'honorable fonction d'Instituteurs. La perspective que ce premier gage de la confiance publique leur présenteroit pour l'avenir , le désir d'y acquérir de nouveaux droits , soutiendroit & exciteroit l'ardeur si naturelle à cet âge.

La morgue , la pédanterie seroient à jamais bannies de nos Ecoles , car elles ne peuvent convenir qu'à des hommes qui , se voyant obligés d'y vieillir , impatients du joug que la nécessité leur impose , cherchent à s'y établir une espèce d'empire absolu qui les dédommage en quelque sorte de la contrainte où ils sont personnellement , & du peu de considération extérieure qui , jusques ici , a été attaché à leurs fonctions.

Tous les avantages semblent se réunir en faveur de l'idée proposée pour le choix des Instituteurs , jusqu'à celui même de l'économie , considération

d'autant

d'autant plus précieuse ici, qu'elle donnera les moyens d'étendre davantage les secours de l'Instruction gratuite en faveur des enfans du peuple.

Pour déterminer un homme de mérite à consacrer sa vie à instruire la jeunesse, il faut nécessairement lui donner les moyens, de vivre dans une aisance honnête, d'y élever sa famille, & lui assurer une retraite. A nos jeunes Instituteurs au contraire, nourris, logés aux frais de l'Ecole, il suffira d'accorder une légère rétribution, & il ne sera jamais besoin de pensions de retraite.

Il s'établira vraisemblablement dans les principales Villes, des Sociétés libres, destinées à la propagation des lumières & de toutes les sciences utiles à l'humanité ; le nombre des Membres qui composeront ces Sociétés, ne sera point déterminé, parce que l'on ne peut calculer au juste le nombre d'hommes de génie, que la nature, dans un espace de tems donné, peut fournir ; mais l'accès de ces Sociétés ne sera jamais ouvert au crédit & à la faveur.

Ces Sociétés ne doivent être à la charge de la Nation sous aucun rapport. La Nation né doit à leurs Membres ni jettons, ni gages, ni pensions ; mais chaque Administration de Département doit, & c'est le bien public qui l'exige, faciliter & seconder des expériences dont le résultat peut être utile aux progrès des sciences, & solliciter

C

de la législature, les gratifications qu'elle jugeroit convenable d'accorder à des hommes de lettres, occupés à des ouvrages importans & qui nécessitent de longs travaux.

Ce nouveau régime fera, sans contredit, plus utile aux sciences, que le régime abusif des Académies, qui ne peut plus subsister.

Ces Sociétés s'empresseront sans doute de contribuer à l'Instruction publique, en choisissant dans chaque genre, un de leurs Membres qui, pendant un ou deux mois de l'année, perfectionneroit dans les Écoles publiques, les leçons qui seroient données pendant son cours, par les Instituteurs ordinaires.

C'est encore parmi ces Sociétés que les Administrateurs de Département choisiroient des Commissaires pour Membres des Conseils de surveillance, chargés spécialement de l'inspection de la partie littéraire & physique de l'éducation.

### Des autres Ecoles publiques.

Les quatre espèces d'Ecoles que nous avons proposé d'établir, remplacent celles qui, sous le nom de Facultés du Droit & des Arts, sont aujourd'hui du domaine des Universités que nous croyons devoir être abolies.

Dans les nouvelles Ecoles , on trouve tous les genres d'Instruction , que préfentoient ces Facultés , & même des objets d'Inftruction plus étendus.

L'Etabliffement décrêté d'un Séminaire dans chaque Département , où les jeunes gens qui fe deftineront au Miniftère des Autels , apprendront les devoirs de leur état , fe perfectionneront dans la pratique de la morale d'une Religion fainte dont ils iront enfuite répandre les confolations fur les plaies de l'humanité , remplace avantageufement ces Ecoles de Théologie , deftructives de toute morale , où , à force de difputer fans ceffe dans un jargon inintelligible , on finit par ébranler les fondements de la Religion même , & altérer parmi les fidèles l'augufte fimplicité de la Foi.

Il ne refte plus que les Ecoles de Médecine & de Chirurgie ; peut-être , feroit-il avantageux pour l'humanité , que ces Ecoles qu'un ridicule préjugé a féparées jufques ici , fuffent réunies , & qu'il y en eût une dans chaque Département. Après avoir fréquenté ces Ecoles avec fruit pendant quelques années , c'eft à la fuite d'un habile Praticien que les jeunes Elèves acquèreroient l'expérience néceffaire pour ofer entreprendre l'exercice d'un art qui difpofe abfolument de la vie des hommes (1).

_______________

(1) Le proverbe ancien qui dit : jeune Chirurgien & vieux

Quant aux Beaux Arts en général, & aux Arts Méchaniques : le Deſſin & les Mathématiques qui en ſont les premières baſes, ſont enſeignées dans les Ecoles de Diſtrict & de Département. C'eſt dans les atteliers des artiſtes, dans ceux des Artiſans & à leur ſuite, que les talents des jeunes gens qui ſe deſtineront à un art quelconque, ſe développeront ; c'eſt en voyant pratiquer les grands maîtres qu'ils apprendront à pratiquer à leur tour.

Nous finirons par une obſervation bien importante : pour exercer une profeſſion quelconque, le récipiendaire ne doit, ſous aucun prétexte, avoir aucune ſomme à payer ; mais l'intérêt de la Société exige en même tems, que tous les Citoyens, libres d'exercer la profeſſion à laquelle leur inclination & leur goût les portent, ſoient tenus de juſtifier préalablement, en préſence des Officiers publics & des gens de l'art appellés à cet effet, qu'ils ont le talent néceſſaire pour la bien remplir.

---

Médecin, ne nous trace-t-il pas la route que nous devrions ſuivre à cet égard ? ne ſeroit-il pas convenable & bien intéreſſant pour la Société en général, que l'on ne fut admis à exercer la Médecine, cette ſcience conjecturale, qu'après avoir exercé pendant pluſieurs années la Chirurgie ?

## De l'Education Nationale.

L'Education proprement dite eſt la partie de l'Education, qui a pour objet le développement des facultés morales ; ſon but eſt, de faire faire aux jeunes gens réunis dans les Ecoles publiques, l'apprentiſſage de la vie ; de leur préſenter dans la Société où ils ſont entr'eux, le tableau de la grande Société où ils doivent vivre un jour ; de les habituer à voir, à comparer, à ſaiſir toutes les relations diverſes, à ſe connoître eux-mêmes ; enfin, de faciliter le développement des facultés de l'ame, comme on facilite le développement & l'accroiſſement des facultés phyſiques : par l'uſage, par l'exercice, & par l'habitude de s'en ſervir. L'Education Nationale eſt celle qui donne à la jeuneſſe des formes & des habitudes conſtitutionelles, & qui la familiariſe par la pratique, avec les droits que la loi autoriſe, & les devoirs qu'elle preſcrit.

En général, la partie morale de l'Education a été entièrement abandonnée juſqu'ici au caprice & à 'arbitraire ; elle n'a été aſſujettie à aucune marche raiſonnée ; elle eſt cependant ſuſceptible d'être dirigée uniformément par la nature & par la raiſon, & il eſt néceſſaire qu'elle le ſoit.

Il y a eu des Peuples libres, où la volonté géné-

rale étoit souveraine; il n'en est aucun chez lequel
on trouve une Education naturelle & Nationale;
aussi, ces Peuples, au lieu de se perfectionner
à chaque génération nouvelle dans l'Etat Social,
comme il seroit arrivé, si chacune de ces générations eût été sagement travaillée, si l'on eût profité
de la connoissance acquise du cœur humain, pour
diriger toutes les passions naissantes vers le centre,
se sont détériorés de jour en jour, & se sont re-
trouvés insensiblement au point d'où ils étoient par-
tis. Gardons-nous de les imiter, & préparons aux
siècles à venir le spectacle d'une Société de 25 mil-
lions d'hommes, qui, du jour où elle a reconquis
ses droits, aura fait à chaque génération nouvelle
un pas de plus, vers le bonheur, vers la perfection
à laquelle l'homme peut atteindre en Société.

L'HOMME naît avec la sensibilité qui est le germe
de toutes ses passions; ce germe fermente insensiblement dans son ame pendant les premiers mo-
ments de son existence, bientôt il s'y développe, il
n'attend que l'impression des objets extérieurs pour
se produire au dehors.

Les passions, dans l'ordre de la Nature, sont des
instruments de bonheur; l'Education doit donner
les moyens de diriger ces instruments de la manière
la plus propre à ce qu'ils remplissent leur effet; l'i-
gnorance de ces moyens est la source des malheurs

particuliers & des défordres qui troublent l'harmonie générale.

Mais, pour apprendre à la jeuneffe ces moyens
de direction, il faut la rendre docile & attentive ;
& l'idée des avantages éloignés qui doivent réful-
ter pour elle de cette Science, ne fuffit pas pour
fixer fon attention dans l'âge de l'imprévoyance ;
le fentiment d'un avantage actuel, feul, peut y
réuffir ; pour lui apprendre à devenir heureufe, il
faut la rendre actuellement heureufe ; & le bonheur
qui eft la fin, doit encore être le moyen.

L'Education a deux époques marquées par la
nature ; à l'âge auquel l'enfant devient un être
fenfible & raifonnable, finit la première & commence la feconde.

Dans la première, l'objet principal qu'on doit
fe propofer, eft de préparer une fanté forte & vi-
goureufe au corps qui doit fervir d'inftrument aux
nobles & fortes paffions d'une ame libre : il ne faut
parler qu'aux fens ; c'eft en facilitant leur développement, en les perfectionnant, qu'on hâtera
les progrès de la raifon. C'eft par des idées fimples
& fenfibles, qu'on préparera la formation des idées
abftraites & compofées, qu'on formera le jugement (1). Plus on laiffera agir la nature, mieux

_______________________________

(1) On conçoit que nous défirons qu'on éloigne des enfans.

on remplira son vœu. Le grand objet de l'Education, dans cet âge heureux, est d'éloigner des enfants dont l'ame reçoit si avidement toutes les impressions, ce qui pourroit leur nuire, & de ne réunir autour d'eux que des objets propres à leur donner des formes gracieuses & utiles : élèves de la nécessité, ils commenceront déjà à s'instruire d'eux-mêmes du parti qu'ils peuvent & doivent tirer des différentes relations qu'ils auront un jour avec les autres dans la Société.

C'est à tort que l'on suppose les enfants paresseux ; ils n'aiment pas l'application, parce que leur ame est trop active ; de cette activité mal servie par la faiblesse de leurs organes, naît le goût de la dissipation, & ce goût qui les conduit au jeu, du jeu les ramène à des occupations plus sérieuses ; mais on ne sçauroit trop le répéter, il faut les rendre heureux ; il faut éloigner d'eux tout ce qui pourroit troubler la sérénité de leur ame, surtout ces instruments de peine & de douleur, qui ne sont

---

tout ce qui est au-dessus de leur intelligence, toutes ces Méthodes, ces Rudimens, ces Grammaires abrégées, ces Compilations métaphysiques avec lesquelles on parvient à leur rendre l'étude odieuse, & à gâter leur jugement. Toutes les études de l'enfance doivent lui présenter des idées simples & physiques.

propres qu'à former des êtres fans énergie & des efclaves.

C'eft ainfi qu'on aura des enfants fains & vigou-reux, naïfs & confians ; accoutumés au joug de la néceffité, difpofés dès-lors à recevoir celui de la loi ; ayant peu d'idées, mais n'ayant que des idées juftes ; ignorant le mal, & ayant déjà trouvé de l'avantage à être bons, dociles & complaifans. Les voilà tels que nous pouvons les defirer pour entter dans la deuxième époque.

C'eft alors qu'il faut appliquer les grands prin-cipes de l'Education. L'enfant eft devenu fenfible & raifonnable, il faut le conduire par le fentiment & par la raifon : jufques'là il n'a fait que préparer les inftruments, aujourd'hui il faut qu'il apprenne à s'en fervir. A cette époque va commencer l'empire de la loi.

Cherchons un ordre de chofes, qui, en affurant à ceux qui gouvernent une confiance abfolue & une refpectueufe déférence de la part des gouvernés, laiffe à ceux-ci la liberté d'agir, de raifonner leurs actions, & de déployer leur activité. Que cet ordre de chofes, dans lequel la jeuneffe aura des droits & des devoirs, la conduife, d'une manière in-fenfible, mais prefque néceffaire, à l'application, à l'expérience, & à la vertu, par l'aiguillon le plus preffant que la nature ait donné à l'homme, par

le seul mobile de toutes ses actions, l'intérêt per-
sonnel, l'amour de soi-même.

Que la Loi, cet indicateur fidèle, remplace le
régime actuel qui est arbitraire ; que l'Élève ne
dépende jamais des *personnes*, mais qu'il dépende
absolument des *choses* ; que son sort soit entre ses
mains, mais qu'il éprouve à chaque instant, que,
pour obtenir les effets, il faut employer les causes ;
pour recueillir, il faut semer ; & se conformer aux
loix pour jouir de leur protection (1).

---

(1) « Dépendre des choses, c'est être dans l'obligation
» de se conformer aux loix, résultats de la volonté générale
» de la Société dont on est Membre. La dépendance des choses
» est une dépendance naturelle, nécessaire, qui ne blesse en
» rien l'amour-propre, la liberté ni l'égalité, dont on ne
» murmure jamais ; en ne dépendant que des choses ou a
» la satisfaction intérieure de sentir qu'on ne dépend que
» de soi-même, que son sort est entre ses mains : la dé-
» pendance des personnes, c'est-à-dire de la volonté arbi-
» traire des autres, révolte l'amour-propre, détruit la con-
» fiance, occasionne souvent des injustices & les fait toujours
» présumer : c'est un état d'esclavage & l'ame d'un es-
» clave affaissée sous le joug, se dégrade, tombe dans une
» sorte d'inaction, de léthargie, perd sa sensibilité, son
» ressort & le goût de la vertu dont elle ne conçoit pas
» l'avantage. »

Considérant l'Education comme l'apprentissage de la vie, vous voulez que les hommes soient justes; exercez-les dès l'age le plus tendre à la justice, qu'ils la reçoivent & qu'ils la rendent.

Vous voulez qu'ils aiment & qu'ils respectent la loi; faites donc qu'ils la connoissent, qu'ils la raisonnent, & que la pratique leur en fasse sentir la nécessité & les avantages. Vous voulez qu'ils s'attachent à leurs devoirs; faites leur connoître leurs droits, ils ne peuvent jouir de ceux-ci, qu'en ne s'écartant jamais des autres. Vous voulez leur apprendre à connoître les hommes & les différentes relations qui les unissent; mettez-les donc dans un état social qui soit l'image de celui dans lequel ils doivent vivre; qu'ils traitent, qu'ils négocient, qu'ils donnent leur confiance, qu'ils cherchent à mériter celle des autres : dans cet état où ils seront tous à force égale, ils acquièreront l'expérience. Aimer ce qui est utile, estimer ce qui est juste, sentir que c'est un bien d'être aimé & d'être estimé, & chercher à obtenir l'estime & l'amitié des autres par les moyens dont nous connoissons par expérience l'efficacité; voilà le résultat des idées simples & vraies qui seront familières à la jeunesse, lorsqu'elle ne sera pas gâtée par des préjugés; cet ordre de choses, en effet, n'est qu'une conséquence de la déclaration des droits naturels & impres-

criptibles de l'homme, que nous, nous avons retrou-
vée avec peine au milieu des abus , des préjugés,
& de tant de bizarres institutions qui la défiguroient,
mais qui est gravée dans le cœur de l'homme qui
sort des mains de la nature.

C'est ainsi que le Législateur de la jeunesse , en
écartant d'elle toute espèce de préjugés , en bornant
tous ses soins à ce qu'elle ne puisse jamais mécon-
noître la voix de la Nature, qu'elle aura toujours été
habituée à consulter dès les premiers momens de
sa vie , la fera déjà marcher d'un pas ferme & sûr
dans les grands principes d'ordre & d'harmonie générale , & la connoissance de ses vrais intérêts
qu'elle ne peut vouloir compromettre , garantit
qu'elle y sera fidèle.

C'est ainsi qu'en suivant , simplement & sans ef-
fort , la route de la nature , ces Êtres purs & inno-
cens peuvent avoir aussi une *Constitution*.

L'Education sera vraiment Nationale , lorsque
cette Constitution sera analogue & préparatoire à
la Constitution Françoise ; & comme celle-ci n'est
que le résultat des grands principes de *Liberté* &
d'*Égalité*, modifiés en raison des convenances locales , celle que nous donnerons à la jeunesse , sauf
les modifications que la différence d'âge , de rapports & d'intérêts sociaux semble exiger , lui sera
entièrement conforme ; & elle sera d'autant plus

à la portée des jeunes gens, leur conviendra d'autant mieux, qu'elle sera en même-tems Naturelle & Nationale.

Ces modifications nécessaires doivent être combinées avec la foiblesse & l'inexpérience qui sont l'appanage de la jeunesse, avec les relations que les jeunes gens ont entre eux, & avec celles qu'ils ont avec les personnes chargées de les instruire.

La première idée qui frappe, lorsque l'on parle de Constitution, est, ainsi que l'Assemblée Nationale l'a déclaré, la séparation des pouvoirs.

La séparation des pouvoirs dans les Écoles publiques va produire, au moment où elle y sera déterminée, les effets les plus salutaires; elle va éteindre à jamais cet éternel foyer de discorde, que la réunion de tous les pouvoirs entre les mains des Instituteurs y avoit allumé : tourmenté par un régime arbitraire, toujours dans un état passif, n'ayant point de droits, n'ayant que des devoirs, comment, cet Etre que la nature avoit formé libre, indépendant, actif & raisonnable pourroit-il porter patiemment un joug odieux, insupportable? comment pourroit-il aimer & respecter ses tyrans?

Sous l'empire de la loi, les Instituteurs ne conserveront, que les fonctions que l'âge & l'expérience reclament en leur faveur, que les pouvci s qu'il eft de l'intérêt de la jeuneffe qu'ils exercent & qu'elle ne pourroit exercer elle-même : car il eft de principe que les gouvernans n'ont été établis que pour les gouvernés.

Les jeunes gens reprendront toutes les fonc-tions adminiftratives & judiciaires qu'ils exerceront par leurs Repréfentans.

Les Inftituteurs formeront le cœur & l'efprit des jeunes gens, en leur communiquant les lumières & les connoiffances qui font le fruit de leurs études & de leur expérience ; fous ce rapport ils doivent être comme un livre ouvert dont les caractères fe groffiffent ou fe diminuent fuivant la portée de la vue du Lecteur.

Ils veilleront à ce que les Repréfentans choifis par les Elèves, exercent les fonctions qui leur auront été confiées par la loi.

Ils les dirigeront dans l'exercice de ces fonc-tions, & préviendront toutes les fautes que la foibleffe ou l'inexpérience pourroit leur faire commettre.

Toutes les loix de cette jeune république fe borneront à un réglement fimple qui prefcrira, les formes avec lefquelles il fera procédé à fon exécution & au choix de ceux qui auront mérité d'en être dépofitaires, la nature des peines & celle des récompenfes. Les unes & les autres rem-

pliront leur vrai but; leur effet fera de diminuer ou d'augmenter les droits à la confidération
& à l'eftime publique qui auront retrouvé toute
leur énergie, & qui en auront d'autant plus
qu'elles décideront laconfiance de la Société dans
fes choix.

De quelle tâche pénible & que l'expérience
prouve qu'il eft impoffible de bien remplir, ce
nouvel ordre de chofes ne débarraffe-t-il pas les
perfonnes chargées d'inftruire la jeuneffe ? Elles
n'auront plus aux yeux de celle-ci le foin, de faire
la Police, d'entretenir l'ordre, d'infliger des punitions dont un Elève ne fent pas toujours la
juftice, de diftribuer des récompenfes qu'on at-
tribue fouvent à la faveur ; elles n'éprouveront plus
dès-lors les dégoûts jufques ici inféparables de
leur état ; elles feront aimées & refpectées en raifon
du zèle avec lequel elles le rempliront ; leur fupériorité dans tout ce qui a trait à l'Inftruction, n'étant
point conteftée par les Elèves, la confiance de
ceux-ci fera abfolue.

La jeuneffe fortant de fon état paffif & de fa
longue enfance, rendue à fon activité naturelle,
va connoître enfin le befoin impérieux de s'eftimer
& d'être eftimée : befoin qui ne peut être fenti
que par des hommes libres.

Guidée par le fentiment & par la raifon, fidèles

interprêtes de la nature, en cherchant le bonheur
dans l'usage modéré de ses facultés, elle y trouvera
aussi la vertu.

Les mœurs seront pures, parce que la servitude
qui traîne à la suite le dégoût, l'ennui & l'insouciance, vraies sources de leur corruption, n'exis-
tera plus, & que les précautions excessives qui,
en voulant opposer une digue à la contagion,
ont été si souvent funestes à l'innocence, seront
absolument bannies.

L'habitude acquise de l'ordre, la science pratique & usuelle de la justice, de la gloire, de
ses droits & de ses devoirs, du bonheur aussi
rendront leur ame inaccessible à ces goûts frivoles
qui corrompent le bel âge & flétrissent toute la
vie, & l'ouvriront à ces nobles & fortes passions
qui nous donnent un caractère prononcé, nous
font éprouver sans cesse l'enthousiasme de la vertu,
& élèvent enfin l'homme à la hauteur de ses
destinées.

Que l'on juge si des hommes dont la jeunesse aura vécu libre, seront propres à la servitude dans l'âge mûr, & s'ils ne sauront pas
fidellement conserver le dépôt qui leur aura été
transmis.

*Observation*

*Observations relatives aux dépenses du plan proposé.*

Nous nous croyons fondés à penser que les revenus attachés actuellement à l'Éducation publique feront plus que suffifans pour l'exécution du nouveau plan.

1°. Les revenus de l'École Militaire montent à plus de 2,200,000 livres , & le tréfor public est fort arriéré vis-à-vis d'elle par la retenue d'un million faite depuis plufieurs années.

L'Ecole Nationale compofée de fept à huit cent Élèves, ne coûtera que 1,200,000 livres ; ainfi économie annuelle d'un million, & des intérêts des fommes arriérées.

2°. Les Écoles de Département ne coûteront abfolument rien à l'Etat.

3°· Quoique nous remplacions l'objet prefqu'unique d'études des Colléges actuels , par toutes les connoiffances élémentaires , il n'y aura, dans chaque École de Diftrict, pour tous ces objets , que deux ou trois Inftituteurs de plus qu'il n'y en avoit dans les Colléges, pour le latin feulement.

Les Écoles de Diftrict ne coûteront à l'État qu'un tiers de ce que lui coûtent actuellement les Colléges ; en fuppofant qu'il y en ait quel-

D

ques-unes de plus, nous porterons leurs dépenses à la moitié des dépenses actuelles.

4°. Les Écoles gratuites de canton formeront l'objet de dépense le plus considérable ; mais d'abord, dans presque toutes les Paroisses il y a une École de Charité, à laquelle sont attachés des fonds ; les enfans qui les fréquentent, payent en outre une somme quelconque au maître.

Si la réunion des fondations ne suffit pas pour ces établissemens, les Administrateurs de Département y suppléeront par une cottisation qui, au lieu d'être prise sur les enfans les plus pauvres qui fréquentent les Écoles, sera prise sur tous les fonds du canton indistinctement.

La suppression des Universités & de toutes les dépenses oiseuses qu'elles entraînoient, rend libres dès ce moment des revenus considérables, & les pensions viagères dont ces revenus sont ou seront grevés, s'éteindront insensiblement & sans retour.

La plupart des bourses sont en fonds de terres. La vente successive qui en sera faite, doublera au moins leurs revenus.

Je ne crains donc pas d'avancer que les revenus actuels peuvent excèder les dépenses du nouveau plan, & qu'à mesure que les charges dont ils sont grevés, s'éteindront, il sera possible de donner à tous les Départemens un nombre de bourses suffisant pour que des enfans nés avec de grands talens, reçoivent l'instruction nécessaire pour en assurer le développement.

# PROJET DE DÉCRET.

L'Assemblée Nationale, convaincue que l'Education publique a une influence immédiate sur la prospérité des Empires ; que, considérée comme l'apprentissage de la vie, elle ne peut remplir son but, qu'en familiarisant les générations naissantes, avec les vrais principes constitutifs de l'ordre social.

Considérant que l'Éducation actuelle asservie à d'antiques préjugés est aussi éloignée du nouvel ordre de choses que l'intérêt général a prescrit d'établir, que contraire au développement naturel des facultés de l'homme.

Considérant que l'Instruction dont l'objet principal est de faire connoître aux hommes leurs droits & leurs devoirs, est une dette Nationale & le plus ferme appui de la liberté, a décrété & décrète ce qui suit.

# ARTICLE PREMIER.

Toutes les Univesités, Corps & Corporations actuellement en possession de l'enseignement public, sont & demeurent dès à présent éteintes & supprimées; elles continueront néanmoins leurs exercices jusqu'à ce que les Administrations de Département aient établi le nouvel ordre qui va être indiqué.

## I I.

Les Administrations de Département feront procéder immédiatement après la promulgation du présent Décret, à l'inventaire de tous les titres, pièces, papiers & livres appartenans auxdits Corps, & dresseront un état détaillé de tous leurs revenus & de leurs charges, ainsi que de tous les fonds destinés à l'Éducation publique.

## I I I.

Dans le délai d'un mois, les différentes personnes chargées de l'enseignement dans les Colléges & autres Écoles publiques, seront tenues de faire leur Déclaration devant les Commissaires nommés à cet effet par lesdites Administrations, de leur nom & de leur âge, du nombre d'années pendant lesquelles elles ont enseigné, de l'objet d'ensei-

gnement auquel elles fe font plus particulièrement livrées , & fi elles font dans l'intention de
continuer leurs fonctions.

## I V.

Pour remplacer les Colléges & autres Écoles
publiques actuelles, il fera établi, dans chaque
Canton une ou plufieurs petites Écoles dans
lefquelles on enfeignera, la lecture, l'écriture,
le calcul, le toifé, les principes de la religion,
de la morale, de la conftitution, & les élémens
de l'économie.

Dans les principales Villes , Chefs-lieux de
Diftrict, & dans celles où les Adminiftrations
jugeroient utiles d'en établir, une École dite de
Diftrict , dans laquelle l'énfeignement fera divifé
dans les objets fuivans.

La Religion & la Morale.

Les Loix Conftitutionelles & Civiles, & les
formes de procéder.

Calculs, changes, tenue des Livres & Élémens
de Commerce.

Élémens { D'Economie.
De Méchanique,
Et d'Hiftoire naturelle.

D 3

La Langue Françoise par principes.

Les Belles-Lettres, Histoire, Géographie.

La Réthorique & la Logique.

Le Dessin & les Mathématiques.

La Gymnastique, Natation, exercice des armes.

Dans les villes de Département, une Ecole dite de Département, dans laquelle outre les objets qui viennent d'être indiqués, on enseigneroit les Langues Latine, Grecque, Angloise & Allemande.

Les Elémens { De la Politique. / De la Tactique. / De la Navigation & du Génie.

La Musique vocale & la Danse.

### V.

Dans chacune des Ecoles de District ou de Département, & même dans les Ecoles de Canton où les Municipalités jugeroient à propos d'en établir, il y aura un Pensionnat. Le prix de la Pension, qui comprendra la nourriture, l'entretien uniforme & l'instruction de chaque Elève, sera fixé par les Administrateurs publics de chaque Département, sans qu'il soit permis à ceux qui tiendront les Pensionnats, de recevoir, sous quelque prétexte

( 55 )

que ce foit, aucune fomme au-delà des prix communs à tous.

## V I.

Tous les enfans qui y feront préfentés, de quelque Religion que foient leurs parens, y feront reçus fans aucune recherche ni information.

## V I I.

Les Bourfes attachées aux Colléges actuels, feront reportées dans les Ecoles de Diftrict les plus voifines du lieu où feront fitués les biens affujettis à leur fondation, & les Bourfiers feront nourris, habillés & inftruits fur le prix de ces Bourfes.

## V I I I.

Ces Bourfes feront deftinées à fervir d'encouragement aux enfans qui fréquenteront les Ecoles de Canton, & de récompenfe à ceux d'entre eux qui annonceroient des talens dont le développement pourroit devenir utile à la Société, & elles fe diftribueront au concours.

## I X.

Les héritiers des Fondateurs pourront fe préfenter au nombre des Juges, & l'enfant qui aura été choifi, recevra d'eux fa nomination.

D 4

## X.

Une égalité abfolue & fous tous les rapports, fera établie entre tous les Elèves, Penfionnaires ou Bourfiers; nul n'aura des Inftituteurs, ou des domeftiques particuliers.

## X I.

Nul enfant ne fera reçu dans les Ecoles de Diftrict ou de Département, qu'il n'ait fréquenté les Ecoles de Canton au moins pendant trois ans, & qu'après un examen fubi dans l'Ecole où il fera préfenté, qui prouve qu'il eft fuffifamment inftruit des objets qu'on enfeigne dans la première Ecole.

## X I I.

Dans les Ecoles de Canton, l'Inftruction fera entièrement gratuite, & les leçons feront publiques & communes à tous ceux qui s'y préfenteront.

Dans les Ecoles de Diftrict, les frais de l'Inftruction feront fupportés partie par les fonds publics, partie par les Elèves du Penfionnat, partie par les Elèves du dehors.

Dans les Ecoles de Département, tous les frais d'Inftruction feront à la charge des Elèves du Penfionnat & des Elèves du dehors pour lef-

quels il y aura, ainsi que dans les Ecoles de
District, trois fois la semaine des leçons extérieures & séparées de chaque objet. .

Les Administrateurs de Département fixeront
la somme pour laquelle les Elèves du dehors
contribueront aux frais de l'Instruction. Cette
somme ne pourra excéder 2 livres par mois dans
les Ecoles de District, & 3 livres dans celles de
Département, pour chaque objet.

## X I I I.

Le Département fournira à toutes, les bâtimens nécessaires & en bon état.

## X I V.

Le Cours des Etudes, dans les Ecoles de
District & de Département, sera de neuf années.

## X V.

A différentes époques, il y aura dans toutes les
Ecoles des examens publics dans lesquels tous
les Elèves feront indistinctement interrogés sur les
objets de leurs Etudes.

## X V I.

D'après le résultat de ces examens, chaque
Ecole de District fera passer chaque année à

l'Ecole de Département deux ſujets qui feront reçus dans celle-ci, pour le prix de leurs Bourſes ou de la Penſion qu'ils payoient dans la première.

## X V I I.

L'Ecole Royale Militaire eſt & demeure convertie en *Ecole Nationale*; tous les bâtimens dont elle jouiſſoit ſont & demeurent affeĉtés à perpétuité à l'Ecole Nationale, & ſes revenus à l'Inſtruĉtion publique.

## X V I I I.

Tous les Elèves dits Elèves Militaires, aĉtuellement répartis dans différentes Maiſons Religieuſes ou Colléges, feront placés, d'après l'examen qui fera fait des talens & de la capacité de chacun d'eux, ſoit dans les Ecoles du Diſtriĉt, ſoit dans celles du Département où leurs parens ſont domiciliés, ſoit même dans l'Ecole Nationale; ils y feront nourris, entretenus, & inſtruits uniformément aux autres Elèves, ſur les revenus de ladite Ecole Militaire.

## X I X.

Dans la ſuite il n'y aura plus d'Ecole particulière pour les enfans des Militaires, mais lorſque ceux-ci laiſſeront des enfans dans l'in-

digence, l'Adminiſtration du Département ſera
tenue d'en prendre ſoin, & de les placer dans
une Ecole où ils puiſſent prendre les connoiſſances élémentaires de la profeſſion à laquelle
ils paroîtroient les plus propres. La même diſpo-
ſition aura lieu en faveur des enfans de tout
autre Fonctionaire public, dans les mêmes circonſtances.

## X X.

Il ſera inceſſamment remis au Comité des
Penſions, un état de tous les traitemens & Penſions
dont les revenus de l'Ecole Militaire ſont chargés,
avec l'énonciation des cauſes pour leſquelles elles
ont été accordées, pour, ſur l'avis dudit Comité,
être, conformément aux principes déjà décrétés,
ſtatué ce qu'il appartiendra.

## X X I.

Les Penſions que l'Aſſemblée Nationale aura
cru devoir rétablir, ſeront acquittées par le Tréſor
public, en déduction des ſommes dont il eſt
arriéré vis-à-vis ladite École Militaire.

## X X I I.

Les revenus de l'Ecole Nationale ſont & demeurent fixés à une ſomme annuelle de douze

cens mille livres, lesquels prélevés sur les revenus de ladite École Militaire, seront versés d'avance & par quartier, entre les mains des personnes préposées pour les recevoir.

## X X I I I.

Le surplus des revenus de l'Ecole Militaire & des sommes dont le Trésor public se trouvera arrièré envers ladite École Militaire, toutes les Charges prélevées seront partagés proportionnellement entre tous les Départemens du Royaume, ou employés en moins imposé, pour être appliqués à l'Instruction publique.

## X X I V.

Il sera établi dans l'Ecole Nationale un nombre de places gratuites pareil à celui qui a été fixé pour les Députés aux Législatures, & divisé de la même manière & dans les mêmes proportions entre tous les Départemens du Royaume, pour être le prix d'une conduite irréprochable, & de talens distingués.

## X X V.

Aussi-tôt la formation des Écoles de Départemens, il sera ouvert dans chacune d'elles un concours

( 61 )

auquel tous les jeunes gens au-deſſus de quinze
ans & au-deſſous de dix-huit ans pourront ſe
préſenter ; ceux qui ſeront jugés les plus inſtruits,
juſqu'à concurrence de la moitié du nombre de
places, qui ſera affecté à chaque Departement,
ſe rendront dans le délai qui ſera fixé à l'Ecole
Nationale.

## X X V I.

Trois mois après la formation des nouvelles
Écoles, chaque École de Diſtrict fera paſſer à l'Ecole
de Département les deux ſujets qu'elle a droit ,( aux
termes de l'article XVI ) d'y envoyer chaque
année, & dans un mois de leur arrivée, il ſera
ouvert dans celle - ci un nouveau concours
pour completter le nombre d'Eleves de l'Ecole
Nationale.

## X X V I I.

Tous les ans le même concours aura lieu dans
leſdites Ecoles de Département, & les quatre
ſujets qui auront été jugés les plus inſtruits,
feront inſcrits ſur un tableau public, ſuivant le
rang qu'ils auront obtenu, pour être envoyés à
l'Ecole Nationale remplir les places qui pourroient vaquer dans le courant de l'année.

## XXIII.

Il ne fera reçu aucun Penfionnaire ni Elève de faveur dans l'Ecole Nationale.

## XXIX.

Toutes les connoiffances qui peuvent perfectionner l'Education envifagée fous tous fes rapports avec les différentes fonctions publiques, feront réunies autour des Elèves de la Nation.

## XXX.

Les Ecoles de Canton correfpondront à l'Ecole de Diftrict, les Ecoles de Diftrict à celles de Département, & toutes celles de Département à l'Ecole Nationale qui fera le Chef-lieu, le centre de Correfpondance général, & la maifon d'expérience où toutes les méthodes d'éducation & d'enfeignement feront perfectionnées pour être répandues enfuite uniformément dans toutes les Ecoles (1).

―――――――――――――――――――

(1) L'Ecole Nationale fera, en quelque forte, la légiflature des autres Ecoles.

## X X X I.

Tous les trois mois chaque Ecole de Canton fera paſſer à l'Ecole de Diſtrict, & l'Ecole de Diſtrict à celle de Département, le tableau de ſa ſituation morale, littéraire & phyſique, & ſes obſervations ſur tout ce qui peut tendre à l'amélioration.

## X X X I I.

Le tableau général de chaque Ecole de Département, avec le réſultat des obſervations, ſera envoyé tous les ſix mois á l'Ecole Nationale.

## X X X I I I.

Les Elèves intérieurs des Ecoles de Diſtrict, de Département & ceux de l'Ecole Nationale, jouiront entre eux des droits de Citoyens actifs.

## X X X I V.

Ces droits conſiſteront á faire exécuter par des Repréſentans librement élûs parmi eux, les loix & les règlemens qui doivent être la baſe de leur conduite.

## X X X V.

La manière dont ils procéderont á ces élections,

les qualités qu'il faudra avoir pour être éligible, les fonctions de ceux qui feront élûs, les pouvoirs des Inftituteurs & leurs rappor.s, foit entre eux, foit avec les Elèves, feront déterminés par un règlement particulier fur la conftitution intérieure des Ecoles publiques.

## X X X V I.

Les perfonnes actuellement prépofées á l'Inftruction & qui auront fait leur déclaration qu'elles défirent être employées dans le nouvel ordre, fe préfenteront au jour qui leur aura été indiqué devant les Commiffaires nommés *ad hoc* par les Adminiftrateurs du Département ; & elles feront placées, en raifon du genre de leurs talens, dans l'une des Ecoles du Département.

## X X X V I I.

Il fera fait un état particulier de ceux qui ne pourroient pas être employés, ou de ceux qui, à raifon de leur âge ne pourroient pas continuer leurs fonctions, & le traitement des uns & des autres fera fixé honorablement, & eu égard à l'ancienneté de leurs fervices, fur l'avis du Comité des Penfions.

## X X X V I I I.

## XXXVIII.

Le surplus des places d'Instituteurs pour des objets qui, jusqu'ici, n'ont pas été enseignés dans les Ecoles, & celles qui vaqueroient par la suite, seront remplies par le concours. Nul ne pourra s'y présenter, qu'il ne justifie d'une attestation de vie & de mœurs délivrée *ad hoc*, par les Officiers Municipaux de son domicile, & visée par ceux de l'endroit où il veut enseigner, & qu'il ne soit sur la liste des Citoyens.

## XXXIX.

Le concours sera ouvert dans l'Ecole où la place est vacante, à l'exception de celui pour les places des Ecoles de Canton, qui aura lieu dans l'Ecole de District.

## X L.

Les Directeurs & sous-Directeurs seront choisis au scrutin parmi tous les Citoyens indistinctement par le Conseil de surveillance dont il sera parlé ci-après, mais dans la suite ce choix ne sera fait que parmi les Instituteurs qui auront au moins cinq années d'exercice.

## X L I.

Toutes les personnes préposées à l'Instruction

publique dans les Écoles, jouiront du droit d'Electeurs & d'Éligibles pour toutes les fonctions publiques, lorsqu'elles auront rempli d'ailleurs les conditions prescrites par les Décrets de l'Assemblée Nationale, & elles auront le pas dans toutes les cérémonies après les Officiers Municipaux & de Justice.

## X L I I.

Le traitement annuel des Instituteurs des Écoles de Canton, sera de 800 livres dans les Campagnes, de 900 livres dans les Villes au-dessous de vingt mille ames, & de 1000 livres dans les autres. Celui de chacun des Instituteurs des Écoles de District sera fixé à une somme de 1000 livres dans les Villes de la première classe, & à 1200 livres dans les autres : celui des Instituteurs des Écoles de Département à 1200 livres dans les premières, & à 1500 livres dans les autres (1).

## X L I I.

Le traitement des sous-Directeurs des diffé-

----

(1) Il sera fait un réglement particulier pour la fixation du traitement des Instituteurs des Écoles de Paris & de l'École Nationale.

rentes Écoles fera fixé à une fomme de 300 livres, & celui des Directeurs à une fomme de 600 livres, au-deffus de celui des Inftituteurs.

## X L I V.

Tous les Inftituteurs feront tenus de demeurer dans l'Ecole à laqelleu ils feront attachés, & on leur fournira un logement dans ladite École : dans toutes celles-où il y aura un Penfionnat, les Inftituteurs feront en outre nourris avec les Élèves.

## X L V.

Le traitement en entier des Inftituteurs des Ecoles de Canton & le tiers de celui des Infti- tuteurs des Ecoles de Diftrict, fera payé fur les fonds publics qui feront affignés à cet effet.

Celui des Inftituteurs des Ecoles de Départe- ment, fera pris en totalité fur ceux qui partici- peront à l'Inftruction.

Et celui des Inftituteurs de l'Ecole Nationale, fur les revenus qui lui font affectés.

## X L V I.

Les Penfionnats des Écoles feront tenus par les Directeurs qui feront obligés de remplir exactement toutes les claufes & conditions, foit pour la nour- riture & l'entretien des Élèves, foit pour le trai-

tement des Inſtituteurs & autres charges énoncées
dans le préſent Décret, ainſi & de la manière
qui ſera réglée par les Adminiſtrateurs du Dépar-
partement, à peine de deſtitution.

## X L V I I.

Les Direĉteurs deſdites Écoles percevront à cet
effet, les Penſions des Elèves, celles des Bourſiers,
la contribution indiquée pour chaque Elève du
dehors aux frais de l'Inſtruĉtion, ainſi qu'elle ſera
réglée, & la ſomme pour laquelle les fonds publics
doivent contribuer au traitement des Inſtituteurs.

## X L V I I I.

Chaque année les Direĉteurs des Ecoles ſeront
tenus de préſenter au Conſeil de ſurveillance,
qui ſera indiqué ci-après, l'état quittancé de toutes
les fournitures qui auront été faites pour le ſervice
de l'Ecole.

## X L I X.

Il ſera formé dans chaque endroit où il y aura
pluſieurs Ecoles publiques, un Conſeil de ſurveillance, compoſé en nombre égal de Commiſſaires de la Municipalité, d'hommes inſtruits
déſignés par l'Adminiſtration de Département, & de
pères des Elèves, nommés à cet effet par les autres.

## L.

Ce Conseil veillera en général à l'obſervation des Décrets de l'Aſſemblée Nationale dans les Ecoles, préſidera aux examens publics, jugera les Concours, nommera les Directeurs & ſous-Directeurs des Ecoles.

Les premiers veilleront ſpécialement à ce que les règlemens qui feront faits ſur la nourriture des Elèves, ſur leur entretien & les ſoins qu'exigera leur ſanté, ſoient fidèlement exécutés.

Les ſeconds auront l'inſpection de l'Education Littéraire & Phyſique. Enfin les Commiſſaires, pères des Elèves, feront ſpécialement chargés de la ſurveillance des mœurs, & de tout ce qui regarde l'Education Morale.

## L I.

L'Ecole Nationale fera ſous la ſurveillance immédiate des Légiſlatures, & il y aura à cet effet dans chacune d'elles, un Comité chargé de leur rendre compte de ſa ſituation, & en général de tout ce qui intéreſſe l'Inſtruction & l'Education publique.

Le Directeur de l'École Nationale, fera nommé par le Roi; mais il ne pourra exercer aucunes fonctions, qu'après avoir obtenu l'agrément de la Législature.

## L I I.

Il sera nommé en outre, six inspecteurs généraux de l'éducation pour tout le Royaume, qui seront tenus chaque année, de visiter les Écoles des Départemens de leurs arrondissemens, & qui se réuniront pendant six semaines dans le lieu où la Législature tiendra ses séances, pour y rendre compte de leurs observations au Comité d'éducation. Ils seront nommés dans la même forme que le Directeur de l'École Nationale.

## L I I I.

L'Assemblée Nationale charge son Comité de Constitution de lui proposer les règlemens particuliers & instructions nécessaires pour l'exécution du présent Décret, & l'organisation générale des Écoles publiques.

----

*Apperçu d'un Règlement particulier pour la Ville de Paris.*

Vingt-quatre Écoles Primaires ou de Canton, dans lesquelles on enseignera gratuitement la

Lecture, l'Ecriture, le Calcul, le Plein Chant, les Principes de la Religion, de la Morale & de la Constitution.

Douze de ces Écoles seront destinées aux enfans du premier âge, & les douze autres aux enfans qui auront atteint douze ans.

Dans douze de ces Écoles, situées dans les différentes extrémités de la Ville, il sera établi des Atteliers de divers ouvrages propres à occuper utilement les enfans, & à éveiller leur industrie : les enfans seront nourris sur leur travail, ensuite les meilleurs sujets gagneront tant par jour, qui sera mis en réserve pour les habiller.

Dans le tiers des Écoles les plus au centre, il y aura trois fois la semaine des leçons de Dessin & de Mathématiques dans leurs rapports, avec les Arts méchaniques.

Pour être admis à ces leçons, il en coûtera 1 livre 10 sols par mois : mais dans chaque École, il y aura un tiers des enfans qui y seront gratuitement admis, comme apportant plus d'application au travail.

Dans toutes ces Écoles, il y aura trois jours de la semaine, leçon pour les garçons, & les trois autres jours pour les filles.

Les Dimanches & Fêtes il y aura une leçon extraordinaire depuis six heures jusqu'à huit en été, & depuis sept jusqu'à neuf en hyver, pour les enfans dont les soins, pendant la semaine, sont nécessaires à leurs parens. La même leçon sera donnée depuis une heure jusqu'à trois aux filles.

Tous les enfans seront réunis les Dimanches & Fêtes toute la journée, sauf les heures des repas. Ils iront ensemble à la Messe, & aux Vêpres ; & le reste de la journée sera employé en exercices, Jeux, Chants, Conférences.

Tous auront en entrant dans l'Ecole, le visage & les mains nettes, & les cheveux peignés.

On conçoit les différens ouvrages Elémentaires qui sont nécessaires pour ces deux âges. Pour le premier, un ouvrage dégagé de toute Métaphysique, & qui mette la Morale & les autres connoissances, Historiques, Géographiques, &c. à la portée de l'intelligence des enfans ; ils y apprendront tout ce qu'ils doivent savoir, parce qu'ils doivent y trouver tout réuni.

Pour le second âge, un ouvrage en tête duquel sera la Déclaration des Droits, les articles Constitutionnels, avec tous les développemens nécessaires pour leur en faciliter l'intelligence, & qui réunira tous les objets d'Instructions abrégés, propres à l'adolescence.

Dans quatre de ces Ecoles il y aura un Pensionnat où les enfans que leurs parens destinent à entrer dans les Ecoles de District ou de Département feront un stage de trois années.

L'objet d'études pour les Elèves qui demeureront dans ces quatre Ecoles, fera un Cours d'Histoire naturelle & de la manière d'employer fes productions. Ceci demandera des développemens particuliers, qui feront l'objet d'un mémoire féparé. Il feroit à défirer que ces Écoles fuffent hors de Paris pour la falubrité de l'air, & pour la plus grande facilité de l'Instruction.

Six Écoles, dites de District & une de Département, formées à l'inftar des autres Écoles du Royaume.

Les leçons données aux jeunes gens du dehors, dans les Écoles dites de District, coûteront pour chaque objet d'inftruction 2 livres par mois, & dans celle de Département 3 livres.

----

« Les jeunes gens feront bientôt des hommes :
» s'ils ont les mêmes principes d'activité, de
» fenfibilité, d'intelligence que les hommes, ils font
» fufceptibles d'être conduits par les mêmes motifs :
» Si l'on veut que la liberté qui nous a tous
» tirés du fommeil léthargique, de la ftupeur où

» noûs étions , faffe le même. effet fur la jeu-
» neffe , il ne faut pas qu'elle foit pour elle un
» mot vuide de fens ».

*Conftitution pour la jeuneffe réunie dans les Écoles.
publiques , en exécution du Décret du....*

L'article 33 porte que les Elèves des Ecoles de
Diftrict, de Département & de l'Ecole Nationale ,
jouiront entre eux des droits de Citoyens actifs. L'article 34., que ces droits confifteront à faire exécuter
par des Repréfentans librement élûs parmi eux,
les loix & les règlemens qui doivent être la bafe
de leur conduite. L'article 35 , que la manière
dont ils procéderont à ces Elections, les qualités
qu'il fera néceffaire d'avoir pour être éligible ,
les fonctions de ceux qui feront élûs , celles des
Inftituteurs & les rapports de ceux ci avec les
Elèves, feront déterminés par un règlement particulier. C'eft l'objet du règlement qui fuit.

------

*Nota.* L'article 12 du Décret porte, que nul enfant
ne fera reçu dans les Ecoles de Diftrict ou de Départe-
tement , qu'il n'ait fréquenté les Ecoles de Canton
au moins pendant trois ans , & qu'après un examen
qui prouve qu'il eft fuffifamment inftruit des objets
qu'on y enfeigne.

## P R É A M B U L E.

Le Décret de l'Assemblée Nationale du....
le préfent règlement de Conftitution & celui qui
fera fait par les Inftituteurs pour l'emploi du tems,
obligent également les Inftituteurs & les Elèves :
ils doivent diriger la conduite des uns & des
autres.

Les fonctions des premiers font d'enfeigner,
de veiller à ce que les Adminiftrateurs choifis
par les Elèves, rempliffent les fonctions que la
loi leur affigne, & de les aider de leurs lumières
dans l'application de la loi.

Toutes ces fonctions, l'âge & l'expérience,
les réclament en faveur des Inftituteurs, & il
eft de l'intérêt de la jeuneffe qu'ils les exercent.

Les devoirs des Elèves, en général, font de
s'appliquer à profiter des leçons de leurs Inftituteurs, d'aimer & refpecter ceux-ci, de ne
jamais perdre de vue la déférence qu'ils doivent
à leurs Confeils ; d'être fubordonnés à ceux qu'ils
auront élûs pour Miniftres de la loi, & de
vivre en frères & en amis avec leurs Concitoyens :
leurs droits confiftent à ne dépendre que de la
loi, à n'être foumis à aucun pouvoir arbitraire,
& à ne pouvoir être jugés que par ceux d'entre

eux, qu'ils auront eſtimés dignes de remplir les fonctions publiques.

## ARTICLE PREMIER.

Dans chaque Ecole, les Elèves ſeront partagés en Sections de douze à quinze.

## I I.

Chaque Section aura un Chef & un ſous-Chef.

## I I I.

Il ſera formé un Conſeil de diſcipline, compoſé d'un Préſident, d'un Procureur-Syndic, & d'autant d'Aſſeſſeurs qu'il y aura de Sections, & d'un Secrétaire.

## I V.

Outre les Officiers qui viennent d'être indiqués, il ſera établi un Tréſorier & deux ou quatre Commiſſaires-Inſpecteurs, ſuivant le nombre des Sections.

## V.

On établira des Jurés dans la même proportion.

## V I.

Les fonctions du Conſeil ſeront de veiller à l'exécution des règlemens & au maintien du bon ordre, il prononcera les peines & les récompenses, & il exercera dans l'Ecole toutes les fonctions attribuées par les Décrets de l'Assemblée Nationale aux Officiers Municipaux ; chacun des Officiers du Conseil trouvera dans ces Décrets celles qui sont spécialement attribuées à sa place.

## V I I.

Les Chefs & sous-Chefs, feront tenus de veiller dans leur Section à l'exécution des règlemens & au bon ordre ; en cas de contravention, ils feront tenus d'en rendre compte au Commissaire-Inspecteur, à peine d'en être responsables en leur propre & privé nom.

## V I I I.

Les Commissaires-Inspecteurs font chargés de veiller à tous les détails de police & de propreté.

Tous les jours, à l'heure du déjeûner, ils feront l'Inspection des Élèves de leur Section.

Ils veilleront à l'exactitude du service de l'Ecole ; ils feront la police dans la Chapelle, dans les récréations & au réfectoire.

Chaque jour ils rendront compte par écrit de leur inspection au Procureur-Syndic.

## I X.

Le Procureur-Syndic fera les dénonciations au Conseil, & requierera ce que de droit. Sur fa plainte, l'Elève en faute, fera mandé; fi c'eft une première faute, & qu'il l'avoue avec franchife, fon aveu fera configné dans les Regiftres, & figné de lui, & le Confeil pourra fe contenter de lui faire une fimple remontrance, en exigeant toutefois de lui la réparation du tort qu'il a fait, ou du tems qu'il a perdu; en cas de dénégation, il fera fait enquête des faits, ce fera l'office des Jurés.

## X.

Le fait éclairci, & l'accufé jugé coupable, le Confeil prononcera la peine prife dans la nature de la faute, dans le caractère de l'Elève, d'une plus ou moins courte durée, plus ou moins légère, afin de ménager les refforts de l'Adminiftration.

Le coupable fera en outre, pour fon défaveu, déclaré exclus du droit d'Eligible ou d'Electeur, pour l'Election fuivante.

## X I.

Si deux Elèves avoient un différent entre eux,

le Chef de la Section fera les fonctions d'arbitre; s'il ne peut les accorder, & qu'ils ne foient pas d'accord en faits, ils feront envoyés pardevant les Jurés, & de là au Confeil, pour prononcer entre eux.

## X I I.

Les fautes qui blefferoient le plus légèrement la délicateffe, celles contre les bonnes mœurs, menfonge, délations, injures, voies de fait, inaplication habituelle, manque de refpect aux Inftituteurs, infubordination envers les Chefs, feront regardées comme fautes graves & criminelles.

## X I I I.

Pour toutes ces fautes, le coupable, outre les peines prifes dans la nature de la faute, fera privé pour un tems du droit de Citoyen actif; en cas de récidive, il fera mis hors de Section jufqu'à nouvel ordre.

## X I V.

Ce qu'on appelloit peines corporelles & afflictives, ne conviennent dans aucun cas; elles ne doivent jamais être mifes en ufage parmi des hommes qui fentent le prix de la liberté; elles font réfervées pour les fcélérats; la peine

la plus grave , après avoir épuifé toutes les autres,
fera d'être dépouillé de l'habit uniforme aux
Elèves ; s'il étoit un fujet qui ne fit aucun cas de
l'eftime , & qui confentit à fe vouer au méprit
& á l'opprobre, qu'il foit exclus de la Société.

En général , la bonne ou la mauvaife conduite
devant produire naturellement l'effet d'augmenter
ou de diminuer les droits à la confidération publique, l'objet des peines & des récompenfes doit
être en conféquence d'approcher ou d'éloigner
des places dont la confiance publique, dans le
nouvel ordre, doit difpofer feule.

## X V.

Lorfqu'il s'agira de prononcer une peine grave,
le Confeil général fera affemblé ; ce Confeil
fera compofé de tous les Inftituteurs & de tous
les Elèves en fonction (1).

## X V I.

Ce Confeil Général s'affemblera également pour

______

(1) La nature des relations des jeunes gens entre eux,
n'exige que des Officiers Municipaux & de Police, ils
n'ont heureufement befoin ni de pouvoir militaire, ni de
pouvoir judiciaire.

faire

faire les tableaux de la situation Morale, Physique &
Littéraire de l'Ecole, & des Ecoles subordonnées,
qui doivent être envoyés, conformément aux articles
XXVIII & XXIX du Décret, à l'Ecole supérieure.

## X V I I.

Au Conseil de discipline assisteront tour-à-tour
deux Instituteurs, avec voix consultative seulement.

## X V I I I.

Dans le cas où le Conseil mépriseroit leur avis,
ils auront droit de convoquer le Conseil Général.

## X I X.

Lorsque les Officiers sortiront de places, leur
conduite sera soumise à la censure de leurs com-
mettans dans l'Assemblée Générale, ou dans celle
des Sections particulières : on ira au scrutin, &
pour être jugé s'être bien conduit, il faudra
réunir la majorité des suffrages.

## X X.

C'est un principe constitutionel que le pouvoir
Militaire soit séparé du pouvoir Civil, & que
l'un & l'autre soient incompatibles ; mais, comme
le pouvoir militaire, dont l'objet est de repousser
les ennemis du dehors & de maintenir la tranquillité au-dedans n'existe point, & n'a pas besoin
d'exister parmi les Elèves, & que les exercices

F

Militaires auxquels ils se livrent, ne doivent
être considérés que comme des délassemens &
des jeux, lorsque les Elèves se ront sous les armes,
les différens Officiers qui ont été indiqués, prendront le rang le plus correspondant à leurs
fonctions.

## X X I.

Chacun d'eux portera les épaulettes de son
grade, comme un signe extérieur du degré où
chacun d'eux est dans l'opinion publique.

## X X I I.

Tous les Officiers sortant d'exercice, & qui
auront été, conformément à l'article XIX, jugés
s'être bien conduits, porteront, comme Vétérans,
une marque indicative de leurs services.

## X X I I I.

Dans le cas où l'un d'eux feroit une faute grave,
il feroit privé de cette marque.

## X X I V.

Les Instituteurs, sous la Présidence du Directeur,
formeront entre eux un Comité dans lequel ils
se rendront compte mutuellement de leurs observations sur la conduite, le caractère & l'application de chaque Elève qui aura travaillé sous
leurs yeux; le résultat de ces observations sera

porté au Conseil par l'un des Instituteurs qui y
feront de fervice.

## X X V.

D'après ce réfultat comparé avec les rapports journaliers que le Procureur-Syndic aura
tranfmis au Confeil, il fera fait une récapitulation dans une Affemblée Générale qui fe tiendra
à cet effet chaque femaine.

## X X V I.

Le Préfident remettra à chaque Élève qui fe
fera le mieux conduit fous tous les rapports dans
chaque exercice, un billet contenant le nom de
l'Elève, celui de l'exercice, & la date.

## X X V I I.

À l'époque de la nomination des Chefs & fous-
Chefs de Section, chaque Élève préfentera fes
billets, & ceux qui en auront réuni le plus, &
qui n'auront eu ni punitions, ni même de notes
défavorables pendant cet intervalle, feront pro-
clamés Chefs ou fous Chefs.

## X X V I I I.

Les Chefs & fous-Chefs feront renouvellés
tous les mois.

## X X I X.

Dans la même Assemblée, tous les Elèves changeront de Section par la voie du sort, qui décidera également à laquelle les nouveaux Chefs & sous-Chefs seront attachés.

## X X X.

Les Elèves d'une même Section habiteront le même corps de-logis, prendront leurs repas à la même table, seront réunis pour les devoirs de religion, les récréations, les promenades & les études; ils ne se diviseront que pour les leçons des Instituteurs.

## X X X I.

Si aucun des Elèves de la même Section n'a été noté défavorablement pendant le mois, tous recevront un billet qui portera seulement le numéro de la Section, & qui, lors de la prochaine proclamation des Chefs, comptera pour deux des billets indiqués Article XXVI.

## X X X I I.

Celui ou ceux des Elèves qui, par leur inapplication habituelle ou par leur mauvaise conduite auroient, deux fois de suite, privé leurs camarades de Section des avantages accordés par l'article précédent à la bonne conduite de tous, feront mis hors de Section jufqu'à nouvel ordre.

## X X X I I I.

Le Préfident, le Procureur-Syndic, les Affef-feurs, le Secrétaire & les Commiffaires-Inf-pecteurs, exerceront pendant trois mois; les Affeffeurs & les Commiffaires feront renouvellés par moitié toutes les fix femaines.

## X X X I V.

Le Préfident, le Procureur-Sydic & le Secré-taire, feront élûs par fcrutin individuel à la pluralité abfolue.

## X X X V.

Les autres pourront être élûs par fcrutin de lifte double.

## X X X V L

Ne feront Eligibles pour aucune place, que ceux qui auront exercé les fonctions de Chefs ou de fous-Chefs, fauf l'exception qui fera faite ci-après pour les Jurés.

## X X X V I I.

Aucun Officier ne pourra être continué dans les mêmes fonctions, ni élû pour une place infé-rieure à celle qu'il aura rempli, qu'après avoir paſſé de nouveau par l'épreuve indiquée article XXVII , pour arriver aux places de Chefs & de ſous-Chefs.

## X X X V I I I.

Les Jurés ſeront choiſis tous les trois mois au ſcrutin de liſte double, parmi tous les Élèves indiſtinctement qui jouiront des droits de Citoyens actifs, en nombre double des Sections.

## X X X I X.

Les fonctions du Tréſorier dureront trois mois, & il ſera élû au ſcrutin individuel parmi les Membres du Conſeil, ſortant d'exercice, ſans intervalle.

## X L.

Il ſera fait fonds entre ſes mains, chaque mois, de la ſomme qui ſera déterminée par le Conſeil de ſurveillance, pour remplir les deux objets ſuivans.

Le premier, pour mettre chaque Élève à même de ſe procurer les plumes, papiers & crayons qui leur ſeront néceſſaires.

Le ſecond, pour acheter les inſtrumens néceſ-ſaires à leurs Jeux, réparer les dommages qu'ils pourroient avoir cauſé, & remplir le devoir indiſ-penſable de ſecourir les indigens.

La première ſomme ſera diſtribuée chaque ſe-maine, par égales portions, entre tous les Elèves.

Celle deſtinée à remplir le ſecond objet, ſera

diſtribuée d'une manière pro portionnée aux différens grades.

## X L I.

Les parts des Élèves qui auroient eu dans la
ſemaine une punition ou deux notes défavorables,
ſeront miſes en réſerve, & augmenteront la maſſe
de diſtribution du mois ſuivant.

## X L I I.

Le Tréſorier aura deux Regiſtres pour ſa comp-
tabilité, & rendra compte de ſa geſtion tous les
mois au Conſeil de Diſcipline, & en ſortant
d'exercice au Conſeil Général. Ce que chaque
Élève voudra employer au ſoulagement des indigens, ſera dépoſé entre ſes mains, pour être
diſtribué tous les trois mois, ainſi qu'il ſera arrêté
par l'Aſſemblée Générale.

## X L I I I.

La propriété de chaque Citoyen, conſidérée
comme le produit de ſon travail & de ſon induſtrie eſt une choſe ſacrée; la moindre violation
qui lui ſeroit portée, doit être enviſagée comme
un crime grave & déshonorant.

Le coupable ſera condamné à la reſtitution de
dix fois la valeur, à prendre ſur les ſommes qu'il
auroit à toucher chaque ſemaine; & privé en
outre de tous droits de Citoyen, pour un tems
que le Conſeil déterminera.

## X L I V.

Le fous-Chef de chaque Section, prendra au Magafin Général de l'Ecole, les objets indiqués article XL à l'ufage des Élèves, & les fournira à ceux qui lui en demanderont, au prix qui aura été arrêté pour chaque objet, & qui fera affiché dans l'Ecole. Il verfera les deniers qu'il aura ainfi touché, chaque femaine entre les mains du Garde-Magafin qui lui en donnera décharge.

## X L V.

Tous les ans, à jour fixe, le 14 Juillet fe fera le renouvellement folemnel du Serment Civique, & il fera rendu des actions de graces à Dieu fur la Révolution.

Il y aura le lendemain une Affemblée Générale deftinée à la diftribution des prix.

Le premier, à celui qui, pendant toute l'année, fera jugé avoir exécuté le plus fidèlement la loi.

Le fecond, à celui qui aura été le meilleur camarade.

Le troifième, à celui des quatres Préfidens de l'année qui aura le mieux rempli fes fonctions.

Le quatrième, à celui qui fera le plus inftruit des Décrets de l'Affemblée Nationale, & qui les aura le mieux expliqué.

( 89 )

Le cinquième, à celui qui aura le mieux célébré en vers ou en profe la fameufe journée du 14.

Le fixième, à celui qui, dans tous fes exercices, aura montré l'application la plus fuivie.

Les trois premiers feront au jugement des Élèves, & les trois derniers au jugement des Inftituteurs.

## X L V I.

Le Comité des Inftituteurs fera un Réglement particulier pour la diftribution & l'emploi du tems, de manière que les Élèves ayent fept heures de fommeil, qu'il y ait trois heures par jour pour les récréations & les repas, deux heures pour les Conférences de Morale, de Loix & d'Hiftoire, fix heures pour l'Hiftoire naturelle, le Deffin, les Exercices Gymnaftiques, les travaux d'induftrie & autres objets de délaffement, & que les fix autres heures foient diftribuées en quatre époques, & deftinées aux études qui demandent une application plus fuivie; enforte que chaque Élève reçoive chaque jour des Inftituteurs, deux leçons fur les premiers objets, & deux fur les derniers.

Ces règlemens feront fanctionnés par les Adminiftrateurs du Département.

## X L V I I.

Du premier au 14 Juillet, fe tiendront les Affemblées Générales des Élèves, deftinées à préparer la diftribution des prix, à rédiger des pétitions, s'il y a lieu, & à faire les règlemens particuliers de Police qu'ils jugeroient convenables ; mais ces règlemens ne pourront être exécutés qu'après avoir été fanctionnés par le Comité de furveillance.

## X L V I I I.

Il y aura chaque femaine une promenade au-dehors pour les Élèves de chaque Section ; ( ces promenades peuvent avoir un but utile d'Inftruction, par exemple, de vifiter une Manufacture, de deffiner un Point de vue, de faire des nivellemens, de former le Cabinet d'Hiftoire naturelle, &c. )

## X L I X.

Il y aura chaque année deux vacances : l'une, du premier à la fin de Mai, la feconde de quinze jours, à l'époque des vendanges ou de la moiffon. ( Les inftructions particulières indiqueront différentes manières d'employer ce tems, auffi utilement qu'agréablement pour la jeuneffe. )

## L.

L'année fcolaftique commencera au premier Juillet.

# E S S A I

*Sur l'Education des Héritiers préfomptifs
de la Couronne.*

## QUESTIONS A RÉSOUDRE.

LA Nation a t-elle intérêt de veiller fur l'Education des Héritiers préfomptifs de la Couronne ? en a-t-elle le droit ?

Comment doit s'exercer cette furveillance ?

Quel eft le mode d'Education & le genre d'études les plus convenables ?

Jufqu'à quel âge l'Education doit-elle être fuivie ?

C'eft un article Conftitutionnel, que la Couronne eft héréditaire & non éligible, & que le Roi des François, dont la perfonne eft inviolable & facrée, ne peut-être perfonnellement refponfable dans aucun cas.

Ce principe a été consacré par le désir de prévenir les intrigues, les brigues & les projets d'une ambition toujours funeste à la tranquillité publique, & d'écarter à jamais de nous les horreurs des Guerres Civiles dont les pays où la Couronne est Elective, n'ont été que trop souvent le théâtre. La conséquence immédiate de ce principe, est de regarder les enfans de nos Rois, comme appartenant également à la Nation, comme étant aussi ses enfans d'adoption : s'il n'existe pas une Loi Constitutionelle qui décrète cette conséquence, & dont l'effet soit de nous faire prendre les mesures nécessaires pour que celui que les droits de sa naissance appelleront à la Couronne, ait, autant qu'il sera possible, les qualités que l'on désire dans un Roi, & de prévenir les funestes influences que la mauvaise Education des Princes a nécessairement sur le bonheur des peuples, tout équilibre est rompu. L'intérêt de la Nation exige impérieusement de ses Représentans qui ont décrété l'inviolabilité des Rois, de ne rien négliger pour mettre la Constitution à l'abri des coups qu'on pourroit lui porter à la faveur de cette inviolabilité : la responsabilité des Ministres, agens nécessaires du pouvoir exécutif, peut concourir à ce but, mais la difficulté d'en établir le mode est si grande, mais le cercle d'abus & de véxations particulières qu'un Ministre adroitement coupable pourroit parcourir impunément, est si vaste ! le bonheur de l'Empire ne sera efficacement garanti qu'autant que celui qui sera Roi, aura été instruit dès l'âge le plus tendre, & de ses devoirs & des droits des François, & certes la Nation prendra les précautions convenables.

Il est impossible de se dissimuler qu'un peuple ne pourroit, sans une extrême imprudence, abandonner entièrement d'aussi grands intérêts à ses Rois : le Monarque le plus sage, le mieux intentionné, occupé perpétuellement des détails immenses de sa place, peut donner à peine quelques instans à l'éducation de ses enfans ; ceux-ci font toujours en représentation devant lui, & la prévention paternelle fortifiée par les rapports infidèles & flatteurs de ceux auxquels le soin de leur jeunesse a été confié, lui dérobe leurs défauts, & les couvre d'un voile impénétrable pour lui seul. Les enfans des Rois ont toujours été élevés jusqu'ici, non pour eux, non pour leurs peuples, mais pour leurs Courtisans & leurs Ministres. Tout ce qui pouvoit les éclairer a été éloigné d'eux ; on les a toujours formé avec soin à l'inexpérience. Que seroit-ce si, au lieu des vertus propres à un Pasteur d'hommes, au lieu des vertus douces &

fociales des Marc-Aurèle, des Louis XII & des Henri, on les formoit à la fombre & noire politique des Tibère, des Louis XI, à l'ambition dévorante & infatiable des Alexandre, des Charles XII, ces mangeurs d'hommes ? que feroit-ce encore fi par une politique affreufe & dont l'hiftoire ne nous retrace que trop fréquemment les funeftes effets, ceux qui gouvernent les enfans des Rois cherchoient à altérer dans le cœur de leurs Elèves des qualités naturelles, des vertus dout l'éclat feroit la cenfure des défauts du Monarque règnant, & y laiffoient germer des vices propres à le faire regretter lorfqu'il ne feroit plus ?

Prefque toujours la faveur a décidé le choix des Rois. Le Gouverneur de leurs enfans n'a pas dû être choifi avec plus de foin que ne l'ont été les Gouverneurs des Provinces ; & fous combien de Verrès, les nôtres ont-elles gémi ? plus le pofte eft éclatant, plus l'ambition a formé de coupables intrigues pour y parvenir ; & lorfque le Monarque trompé a cru remettre fes enfans dans des mains pures, fouvent il n'a choifi qu'un homme ambitieux & dépravé qui va calculant fa fortune fur l'ignorance ou fur les paffions déréglées de fon Elève.

Je fens combien fous l'empire du Reftaurateur

de la liberté, d'un Prince dont les vertus feules (1)
nous ont épargné les horreurs de la Guerre Civile,
ces vérités peuvent perdre de leurs forces ; je
fens qu'on abufera de la promeffe facrée du Roi
d'élever fon fils dans les principes de la Conftitution, pour affoiblir ces réflexions ; mais eft-ce
donc feulement pour l'inftant où nous vivons
que fe font les loix ? leur caractère, lorfqu'elles
font le réfultat de la volonté générale éclairée,
n'eft-il pas d'être éternelles, de prévoir tous les
événemens, de mettre en défaut tous les calculs
des paffions nuifibles au bonheur public, &
d'affeoir la profpérité Nationale fur des bafes inébranlables ?

---

(1) J'en appelle au courage avec lequel Louis XVI
s'arracha des mains des ennemis qui l'environnoient, &
malgré les perfides Confeils, dont il étoit obfédé, vint feul,
au milieu des Repréfentans de fon peuple, & déconcerta
ainfi toutes les manœuvres de fes Miniftres.

J'en appelle au courage avec lequel, au milieu des
défordres inféparables d'une grande Révolution & de l'anar-
chie affreufe, mais patriotique, qui régnoit dans Paris,
le Roi, fans Gardes, vint à l'Hôtel-de-Ville.

J'en appelle enfin au courage avec lequel il a refufé
conftamment le 5 Octobre de fuivre les confeils finiftres
qui l'invitoient à la fuite ; & le 6, eft venu fixer fon
féjour à Paris.

En prouvant que la Nation a intérêt de veiller sur l'Education des Princes, nous avons prouvé qu'elle en a le droit; car les droits d'une Nation sur elle-même, naissent de son intérêt, & ceux qui la gouvernent ne reçoivent leurs pouvoirs que d'elle & pour elle.

MAIS comment doit s'exercer cette surveillance Nationale ? la Nation s'emparera-t-elle des Héritiers présomptifs pour les soustraire à la corruption des Cours ?

Le premier, le plus saint des devoirs d'un peuple qui fait ses loix, est de les concilier avec celles de la nature, source de toute justice : la loi qui enlèveroit à un père le droit qu'il tient de la nature de veiller aussi sur l'Education de ses enfans, seroit une loi injuste & barbare : il seroit absurde de forcer celui auquel vous confiez le bonheur du peuple, à renoncer lui-même aux plus douces affections de la nature. Et ces enfans précieux qui n'auront été bien élevés, qu'autant qu'ils auront été habitués à respecter la loi, pourront-ils la chérir & la respecter, lorsqu'elle les aura arraché du sein de leurs parens, lorsqu'elle sera coupable envers eux de la plus éclatante injustice ?

Cette loi ne produiroit pas d'ailleurs les avantages qui auroient engagé à la faire : le Monarque père

père auroit bien le droit fans doute de nommer un homme dépofitaire de fa confiance pour contrôler en quelque forte les foins que l'on donneroit à fes enfans ; & il n'eft que trop probable que cet homme & les Inftituteurs Nationaux feroient fouvent en contradiction, & que l'un détruiroit l'effet des leçons des autres.

L'Héritier préfomptif appartient à la Nation & à fon père ; voilà le principe : voici comment il m'a paru poffible d'en faire l'application, & de concilier la furveillance Nationale avec les droits de la nature.

L'affemble Nationale décrétera le plan qui devra être fuivi pour l'Education des Princes ; ce plan fera préfenté à l'acceptation du Roi qui fera toutes les obfervations que fa fageffe & fon cœur lui fuggéreront : ces obfervations feront reportées à l'Affemblée où le plan fera difcuté de nouveau & définitivement décrété.

## *Idées fur ce plan.*

Le Roi nommera la perfonne qu'il aura jugée propre à remplir les fonctions de Gouverneur de fon fils, mais ce Gouverneur ne pourra les exercer qu'après avoir obtenu l'agrément de la Légiflature, car cet enfant appartient également à la Nation.

Si le Roi avoit plusieurs enfans, chacun d'eux auroit un Gouverneur particulier.

Toutes les personnes qui seront attachées à l'Education ou au service du Prince, seront au choix du Gouverneur qui pourra les révoquer.

Le Roi désignera la maison dans laquelle se fera l'Education.

Le Gouverneur entrera en exercice dès que le Prince aura atteint sa cinquième année.

Chaque Département du Royaume fera choix d'un enfant de l'âge du Prince, sans autre considération que l'excellence de sa Constitution physique & morale : ces quatre-vingt-trois enfans seront réunis soit dans la même maison, soit dans une maison voisine de celle où résidera le Prince.

S'il y avoit plusieurs Princes, partie de ces enfans seroit de l'âge des uns, partie, de l'âge des autres.

Le Directeur de l'Ecole des quatre-vingt-trois sera également nommé par le Roi, & obligé d'obtenir l'agrément de la Législature.

Parmi ces enfans, le Directeur en choisira d'abord six, pour être les condisciples du Prince; leurs jeux, leurs repas, leurs études seront communes, & leurs vêtemens pareils.

Tous les quinze jours, le Gouverneur du

Dauphin rendra deux de ces Élèves, alternati-
vement, & le Directeur des quatre-vingt-trois qui
suivront absolument le même plan d'Education,
le même genre de vie, lui en donnera deux
nouveaux.

Chaque année, depuis l'âge de neuf ans jufqu'à douze, on augmentera de trois nouveaux
condisciples la société du Prince, qui, alors,
restera définitivement fixée à quinze.

Lorsque ces enfans auront atteint l'âge de
quinze ans, l'Ecole des quatre-vingt-trois cessera
d'exister, & ses Élèves seront incorporés dans
l'Ecole Nationale qui, alors, fournira des condisciples au Prince.

---

En reprenant ces différens apperçus, nous
observerons relativement au premier, que la
nécessité imposée au Gouverneur nommé par le
Roi, d'obtenir l'agrément de la Nation, est une
précaution salutaire qui garantit au Monarque
que la personne qui sera attachée à l'Education
de ses enfans, sera digne de sa confiance, & qui
le préserve des suggestions perfides des Courtisans.
Un sujet sans talens ou sans vertus, qui n'auroit
d'autres titres que son ambition où les services
de ses pères, sentira aisément qu'il compromettroit

le choix du Monarque, en le fixant fur lui. Cette cenfure Nationale n'allarmera point l'homme de mérite ; en ajoutant le fuffrage de la Légiflature au choix du Roi, elle éloignera de lui toutes les contrariétés, tous les dégoûts, & lui affurera le concours de tous les moyens néceffaires au fuccès de fes peines & de fes travaux.

Dans un Gouvernement monarchique ou paternel dont le Chef fera fans ceffe environné d'une Légiflature permanente repréfentative de fa grande famille, fon intérêt n'eft-il pas de la confulter & de connoître toujours la vérité par fa bouche ? les avis qu'il en recevra feront l'expreffion fidelle de l'opinion publique, la voix du peuple. Cette heureufe harmonie entre les deux pouvoirs, eft le préfage le plus certain de la gloire du Monarque & de la profpérité de fon Empire.

L'accord parfait entre toutes les perfonnes qui approcheront le Prince, & qui toutes, de quelque nature que foient leurs fonctions, ont une influence directe fur fon Education, peut, feul, en affurer le fuccès. Cette intelligence ne peut s'établir qu'en laiffant le Gouverneur, maître abfolu du choix de fes coopé-ateurs ; la manière dont il aura été choifi lui-mê ne, doit tranquillifer fur les inconvéniens que pourroit faire craindre l'espèce de pouvoir arbitraire rémis entre ses mains.

Nous engageons nos Lecteurs à jetter de nouveau les yeux sur le tableau que nous avons tracé précédemment, des funestes effets presque inséparables des Éducations particulières & isolées, & des avantages inappréciables de l'Education sociale.

Destiné à exercer le pouvoir exécutif suprême des loix, à employer des hommes dont le bon ou le mauvais choix a la plus grande influence sur le bonheur public, à être environné des piéges que tendront sans cesse autour de lui les intérêts particuliers, à quelle École l'enfant des Rois se formera-t-il à l'Etat social, apprendra-t-il l'art difficile de connoître les hommes, l'art plus difficile encore de diriger ses passions & d'être en garde contre celles des autres, si ce n'est au milieu d'enfans, ses égaux en forces & en moyens, en vivant focialement avec eux ? & par quelle fatalité les Princes seroient-ils condamnés à consumer dans l'ennui de la solitude, car les enfans sont seuls au milieu des hommes, ces premiers jours que la Nature a consacré au bonheur, & qui, en effet, sont les jours heureux de l'homme. Henri IV, enfant, nue tête & nues jambes, parcouroit les montagnes du Béarn, avec les enfans de leurs rustiques Habitans : tantôt dif-

putant avec eux le prix de la courſe, tantôt
grimpant au ſommet des arbres, il goûtoit au
au ſein d'une douce égalité. le bonheur de ſon
âge. C'eſt là, que ſon corps & ſon ame grandiſſoient,
qu'il apprenoit, qu'il étoit homme, qu'il avoit
beſoin d'aimer & d'être aimé, qu'il acquéroit
cet art de ſe connoître en hommes, ce tact
exquis qui lui fit diſcerner le mérite de Sully.
Louis XV, enfant, aſſis ſur un trône ſuperbe,
recevoit les adorations & les harangues de la
Cour des Pairs, de ces barbes griſes proſternées
à ſes pieds; il ne connut jamais que l'ennui, il
fut toujours trompé, il fut toujours l'eſclave de
ſes paſſions, ou plutôt de celles des autres.

L'Education ſociale eſt la ſeule qui convienne
aux enfans des Rois; mais ce ne ſera pas une
Éducation ſociale, celle dans laquelle les enfans
appellés à y concourir ſeront les complaiſans,
les ſerviteurs, ou même les gardes de l'Héritier
préſomptif. Dans quelle funeſte erreur ne tom-
berions nous pas ? & combien ce mode de ſociété
ſeroit plus vicieux que l'Education iſolée ? les
ſervices que l'enfant reçoit des hommes, en
éveillant en lui le ſentiment de ſa foibleſſe,
y éveilleront en même-tems celui de la recon-
noiſſance; mais s'il recevoit ces ſervices, d'enfans
du même âge, à-peu près de la même force,

quel jugement porteroit-il d'eux , de quel œil les verroit-il , & se verroit-il lui-même ?

Certes, si tous les Départemens du Royaume reçoivent avec sensibilité l'avantage de concourir à l'Education du Prince , si tous s'empressent d'apporter dans le choix de l'enfant qu'ils auront à nommer , le discernement du patriotisme qui ne consulte que l'intérêt général , c'est que ces enfans seront des condisciples égaux avec lesquels le Prince apprendra à aimer & à estimer l'espèce humaine , à diriger toutes ses passions vers le bonheur de la société , à respecter la loi , à connoître ses devoirs & les droits des François : il n'en est aucun qui , dans les beaux jours de la conquête de la liberté , consentit à sacrifier l'un de ses enfans au vil métier de flatteur & de courtisan.

Les Condisciples du Prince vivront avec lui dans une douce égalité : son Éducation manque le but qu'elle doit se proposer , s'il vient à s'appercevoir , au moins avant l'âge auquel il sera impossible qu'il ne le sache pas , & auquel, ayant encore des égaux , il le saura sans danger , qu'il est le centre de son Gouverneur, de ses camarades, & de ceux qui l'environneront ; si jamais ils ont pour lui des soins, des complaisances, une mesure différente que pour les autres.

Nous avons jugé que le nombre de six enfans étoit suffisant, jusques à l'âge de neuf années : pendant cet espace, les relations d'un enfant sont peu étendues ; réunis en petit nombre, ils peuvent jouir pleinement du bonheur de leur âge & goûter les douceurs de la société, & ils rendent moins pénible la surveillance de ceux qui les gouvernent. C'est sur-tout dans ces premières années, que cette surveillance doit être plus active, & que les Instituteurs, par une observation profonde, mais presque insensible, doivent se procurer la connoissance du caractère & des inclinations de leur jeune Élève, & préparer, d'après cette connoissance, les remèdes aux défauts de sa première Éducation. Vous qui êtes chargé de la fonction sociale la plus importante, celle de former des hommes, si vous voulez découvrir ce que ce ruisseau dont les eaux sont lympides & transparentes, renferme dans son sein, gardez-vous d'agiter sa surface !

Les connoissances acquises sur le moral du Prince, mettent son Gouverneur à même d'indiquer au Directeur de l'Ecole des quatre-vingt-trois, quel est le genre & la trempe du caractère & des inclinations qu'il convient qu'ayent les Élèves qui seront donnés en remplacement ; car, ce sera l'exemple de ses jeunes Condisciples, qui, beaucoup mieux, beaucoup plus fûrement que les confeils des Inftituteurs. formeront le cœur & le jugement du Prince ; c'eft la réaction de leurs paffions, qui lui fera fentir la néceffité de retenir les fiennes dans de juftes bornes ; ce feront leurs bonnes actions qui l'inftruiront à la vertu ; c'eft en voyant un de fes Collègues fe priver d'une portion de fa nourriture pour foulager l'indigent, prêter un bras foible à un vieillard chancelant, s'attendrir à la vue de l'humanité fouffrante, qu'il apprendra à devenir bienfaifant & bon ; ce fera leur intelligence, leur génie, leurs inventions qui éveilleront en lui le befoin de connoître, & le difpoferont à recevoir, à rechercher même l'Inftruction : je me trompe, fi bientôt le jeune Prince ne fert lui-même de modèle à fes Collègues.

Le renouvellement qui fe fera tous les quinze jours de deux Élèves, a plufieurs avantages : il donne le moyen de réunir toujours autour du Prince, des enfans choifis avec difcernement au milieu de quatre vingt-trois enfans d'élite ; des enfans dont le caractère fera le plus propre, au moyen de l'exemple, à déraciner de fon cœur un défaut naiffant, ou à y féconder le germe d'une bonne qualité : il initie le Prince dans les premiers élémens-pratiques de la connoiffance des hommes,

& l'habitue au frottement différent des différens caractères.

D'un autre côté, l'échange de ces enfans, établit d'une manière infaillible le contrôle de l'Education du Prince : le Directeur des quatre-vingt-trois fera à même de juger, d'après les modifications qu'aura pu subir, pendant les six femaines qu'ils auront été abfens, le caractère des enfans qui lui feront rendus, de l'exactitude avec laquelle on fuivra, dans l'Education du Prince, les vues & les intentions de la Nation & du Monarque.

Nous obferverons qu'il ne faut pas, même fous les prétextes les plus plaufibles en apparence, qu'un enfant faffe une ftation plus ou moins longue que les autres, auprès du Prince ; ils doivent y être fix femaines, également. On ne pourroit les y retenir au-delà, ou les renvoyer avant l'expiration du terme, que comme voulant les récompenfer ou les punir ; or, être dans la Section du Prince, ou dans une autre Section, doit être, pour les enfans, une chofe abfolument indifférente, & c'eft afin qu'elle le foit en effet, que nous avons demandé que dans l'Ecole des quatre-vingt-trois, les enfans fuffent traités de même qu'auprès du Prince, euffent le même genre de vie.... Il eft bon que tous les Élèves qui l'environneront, ne foient pas des enfans fans défaut ; s'il eft utile qu'il voye récompenfer la vertu, il eft utile qu'il voye le vice puni.

A l'âge de neuf ans, la raifon commence à paroître, le jugement s'élabore ; on peut étendre davantage les relations du Prince, en augmentant chaque année & graduellement le nombre de fes Condifciples, jufqu'à ce qu'ils foient au nombre de quinze. Nous penfons qu'un plus grand nombre feroit inutile & pourroit même avoir des inconvéniens, en partageant trop la furveillance.

Pendant ces fept ou huit premières années, le mot d'études doit être abfolument inconnu : preffés par le befoin de connoître, tourmentés par leur activité innée, les enfans ouvrent d'eux-mêmes le grand livre de la Nature, &, fans beaucoup d'aide, ils apprendront bientôt à y lire ; bientôt ils connoîtront les différentes productions & les moyens de les employer à leurs befoins & à leurs jeux : le Deffin qui les repréfente, la Géographie qui indique l'endroit où elles croiffent, l'Arithmétique qui apprend à en calculer les quantités, la Géométrie qui mefure leurs furfaces, la Chymie qui les analyfe, la Méchanique qui les façonne à notre ufage, la Phyfique expérimentale, l'Anatomie (1), l'Aftronomie, ne parlent

_________

(1) On n'a pas encore affez réfléchi de quel fecours

qu'aux sens, & forment un cours encyclopédique de connoissances dont les élémens sont propres à les exercer, à les développer, & à préparer la maturité du jugement : loin, bien loin des enfans, toutes ces Grammaires, tous ces Traités métaphysiques des Langues, dont on a cherché jusques ici à faire dévorer l'ennui à ces êtres malheureux, & qui n'ont réussi qu'à leur inspirer, quelquefois pour toujours, de l'aversion pour l'étude, & à user leurs organes avant qu'ils fussent formés : les fruits que l'art a rendu précoces, sont toujours sans faveur, & la plante qui a dépensé, à les produire, sa substance vitale, périt souvent avant l'automne.

Nos enfans ne connoîtront pas encore les mots de Liberté, de Constitution, de Patrie, mais ils auront vécu libres & uniquement dans la dépendance des *choses ;* mais ils s'aimeront entre eux,

---

pouvoit être l'Anatomie, pour prolonger, dans les deux sexes, l'âge heureux de l'innocence. Dans l'âge de glace, le spectacle de la nature morte & la connoissance des différentes fonctions du corps humain, préviennent la naissance de cette curiosité inquiète qui tourmentera la jeunesse dans l'âge de feu, & qui ne pourra être satisfaite alors que par la perte de l'innocence & quelquefois des mœurs. Les souvenirs qui resteront de cette connoissance ainsi acquise dans le premier âge, ne seront pas dangéreux pour la vertu.

& ils feront attachés à ceux qui les gouverneront
par le fentiment de leur foibleffe & des fervices
reçus ; mais ils auront été heureux, & le développement de leurs facultés morales & intellectuelles, n'aura fait, conformément au vœu de
la nature, que fuivre celui de leurs facultés
phyfiques (1).

----

(1) Nos enfans ne fauront raifonner que parce qu'ils fauront
agir : ils ne fauront définir, que parce qu'ils fauront faire ;
ils ne connoîtront les mots, que par les chofes ; ils auront
peu d'idées, mais ils auront toutes celles qui leur feront
néceffaires, & ils n'auront que des îdées juftes. Et qu'on
ne croie pas que l'on fournira, fans aucun foin, fans aucun
travail de leur part, à tous leurs befoins : ce font ces
befoins & la néceffité où ils feront de s'évertuer pour y
fatisfaire, qui éveillera leur induftrie, développera leur
intelligence, & leur apprendra à fe fervir de leurs inftrumens naturels. Les Princes feroient-ils donc deftinés à ne
jouir jamais des bienfaits de la nature ? auroient-ils reçu
d'elle des jambes pour ne point marcher, des yeux pour
ne point voir, un cœur pour ne point aimer, une raifon
pour ne pas, à l'aide de fon flambeau, fe diriger vers le bonheur ?
ils ont les mêmes organes que nous, ne doivent-ils pas
apprendre comme nous, & par les mêmes moyens, à s'en
fervir : inftrumens paffifs des volontés de leurs courtifans, fous
le régime arbitraire, ne feroient-ils encore que des inftrumens
paffifs, fous l'empire de la loi ? lorfque tous les Citoyens
deviennent libres, refteront-ils feuls privés de la liberté ?

On peut juger aisément de quelle utilité seroit
l'Ecole des quatre-vingt-trois pour faire une suite
d'expériences & d'observations dont le résultat
amèneroit certainement au dégré de perfection
les méthodes propres à former des hommes :
cette utilité est si sensible, qu'elle seule doit
suffire pour déterminer l'Assemblée Nationale à
former cette École, quand même on jugeroit
que celle-ci ne peut contribuer à l'Education du
Prince. Elle sera un nouveau centre de ralliement
pour tous les Départemens.

J'ignore sur quels fondemens on a prétendu que
les enfans des Rois avoient besoin d'une Education &
d'études absolument différentes des autres hommes;
l'objet qu'on doit se proposer pour eux, comme
pour tous en général, n'est-il pas de leur apprendre à bien faire, ce qu'ils doivent faire toute
leur vie ? or, leur vocation commune n'est-elle
pas de respecter la loi, de lui obéir ; de regarder
l'intérêt général comme un centre auquel tous les
intérêts particuliers doivent aboutir, de vivre sous
l'heureux empire d'une Constitution dont les
bases ont été posées par la nature, & d'être dif-

---

La Constitution les appelle à être Rois d'un peuple libre ;
préféreront-ils d'être servilement attachés à son char ?

posés à périr plutôt que de souffrir qu'il y soit porté atteinte?

Celui qui sera chargé de faire exécuter la loi dont il sera le premier sujet, comment le rendrez-vous habile dans cet exercice, si ce n'est en lui faisant sentir de bonne heure, comme à tous les François, la nécessité & les avantages de la loi, en le familiarisant au respect & à la sonmission qui lui est dûe?

Il n'y a qu'une différence à établir entre l'Education d'un Prince, & celle de tout autre homme; & cette différence ne porte que sur la partie Littéraire, sur la manière de développer ses facultés intellectuelles.

Chaque Citoyen est appellé à servir la Patrie dans le poste particulier auquel ses talens le rendront le plus propre : le grand objet de l'Education, après les instructions communes qui sont nécessaires à tous les Citoyens en général, est donc, de mettre chacun à portée de se perfectionner dans le genre de connoissances pour lequel la trempe de son esprit & la disposition de ses organes semblent lui donner une aptitude particulière, ensorte qu'un homme qui n'auroit que les dispositions propres à la Musique, pût être au moins un excellent Musicien; mais l'Education d'un Prince qui, de quelque manière qu'il ait été traité par la nature, est appellé à la Couronne par la loi Constitutionelle, doit être plus généralisée & avoir un point de vue plus étendu : ce n'est ni un Orateur, ni un Jurisconsulte, ni un Guerrier, ni un Négociateur qu'il faut former : c'est un homme qui, après avoir été initié dans les différentes connoissances élémentaires de chacun de ces arts, à l'aide d'un jugement qui n'aura point été faussé, & d'un tact que l'habitude de la vie sociale peut, seule, rendre exquis, saura juger un Orateur, un Magistrat : c'est un homme qui ne sera savant dans aucune partie, mais qui sera instruit dans toutes celles qui sont essentielles au bonheur public. Tous les Citoyens sont des ouvriers qui travaillent dans le vaste attelier de la Société ; chacun doit exceller dans le genre qu'il a choisi ; le Monarque, conducteur des travaux, sans prétendre disputer de talens avec aucun ouvrier, doit être assez instruit pour juger du mérite de leurs ouvrages, & assez connoisseur pour ne les employer qu'à propos.

Le Prince est parvenu à l'âge de douze ans ; il est déjà sensible & raisonnable ; il faut le conduire par le sentiment & par la raison : il est habitué à porter le joug de la nécessité, il va passer avec ses Collègues sous l'empire de la loi. Ils vont alors avoir leurs Fonctionnaires publics ;

chacun

chacun va commencer, à recueillir les fruits de l'amitié & de l'eftime qu'il a fu infpirer à fes Concitoyens, à faire véritablement l'apprentiffage de la vie (1).

Un nouveau jour luit pour eux; les refforts invifibles qui, jufques ici, les ont fait mouvoir, les ont dirigé, vont paroître à leurs yeux, vont paffer éntre leurs mains : la fociété s'organife activement, elle va faire fes loix, & la confiance publique va choifir ceux auxquels elle doit en remettre l'exécution.

De quelle noble émulation ne fera pas animé un jeune Prince, chez lequel le germe du fentiment de la vraie gloire, & de toutes les paffions nobles & amies de l'humanité, commencera à fe développer ? quels efforts ne fera-t-il pas pour obtenir du fuffrage libre & impartial de fes Concitoyens, le droit de veiller à l'ordre public, qu'il doit tenir un jour de la loi même ? un Prince auquel on eft parvenu à faire fentir le befoin de l'amitié & de l'eftime publique, a reçu une excellente Education.

On m'objectera fans doute la poffibilité qu'un enfant foit né avec des difpofitions médiocres,

______

(1) Voyez le règlement Conftitutionel pour le régime intérieur des Écoles publiques.

H

& qu'il ait été traité peu favorablement par la Nature : on citera encore l'exemple de plusieurs enfans qui semblent naturellement portés au mal, & l'on en conclura qu'un Prince qui seroit dans l'un de ces cas, seroit exposé à la haine ou au mépris de ses égaux, & que cette aversion & cette mésestime le suivroient jusques sur le trône.

Je nie d'abord que jamais un être soit sorti dépravé des mains de la Nature ; nous ne naissons ni essentiellement bons, ni essentiellement méchans, mais avec des organes plus ou moins bien disposés, mais dans l'ignorance ; le spectacle seul du vice a pu nous rendre vicieux ; le vice n'étoit pas dans nous, il étoit autour de nous, & toutes nos Institutions nouvelles tendront à l'éloigner des enfans qui sont, réellement & de fait, les Élèves de tout ce qui les environne. Si un jeune Prince avoit malheureusement reçu des impressions immorales, ce n'est que dans la société d'enfans égaux qu'elles s'effaceront ; l'habitude de voir faire le bien, détruira seule l'habitude de faire le mal ; & certainement nul de nos enfans, quels que soient les défauts de l'Education de ses premières années, ne restera vicieux (1).

_______________

(1) La première Éducation s'est beaucoup améliorée depuis

Si le Prince avoit été traité peu favorablement par la nature, il ne feroit pas pour cela moins aimé, moins estimé; les enfans font de justes appréciateurs; ils n'aiment & ils n'estiment que ce qui est bon, parce que ce qui est bon, seul leur est utile; or, la bonté est un assemblage de qualités sociales que tout homme peut réunir, quelque médiocre que soit son intelligence; & le besoin de recueillir excite & force à semer.

L'enfant qui aura de grands talens & qui fera des progrès très-rapides, n'obtiendra pas à coup sûr, cette amitié & cette estime qui détermineront la confiance publique, si ses qualités morales ne font pas au pair de ses facultés intellectuelles, s'il n'est pas aussi modeste, qu'éclairé. Il est élevé déjà au-dessus de ses égaux par des talens supé-

---

qu'un grand nombre de mères de famille, rappellées à la nature par la voix de Rousseau, averties, quelle portion de bonheur elles laissoient échapper en confiant leurs enfans à des nourrices mercenaires, ont rouvert leur sein à ces innocentes créatures; & nos loix, en nous rapprochant de plus en plus de la nature, en rétablissant les mœurs, acheveront de rendre les mères de familles à leurs devoirs. Au surplus, la perfection de cette première Education consiste à répondre sur le champ à tous les besoins de l'enfant, & à ne répordre qu'à ses besoins, & l'on conçoit qu'il n'y a que la tendresse & la sympathie maternelles seules, qui puissent atteindre cette perfection, rieurs, ils fe garderont bien de l'élever encore davantage eux-mêmes, fi, par fa complaifance, par fes égards, par fon attention à ne point bleffer l'amour-propre des autres, il n'a comblé d'avance l'intervalle qui le féparoit d'eux. En général, les enfans fentent mieux le prix des qualités douces, que des qualités brillantes; ils apprécient davantage un bon cœur, qu'un bel efprit; ils font plutôt entraînés par le fentiment, que par l'imagination.

D'ailleurs, le principe & les règles que nous avons pofées dans le règlement Conftitutionel pour les Écoles publiques en général, dirigera naturellement leurs choix : ce ne fera point par des talens fupérieurs, par des progrès extraordinaires, mais par une application fuivie, par une bonne conduite foutenue, qu'on parviendra à être Eligible.

Les études de l'adolefcence feront une fuite & une continuation de celles que nous avons indiquées pour le premier âge; mais elles prendront alors réellement le caractère d'études, & l'emploi du tems fera réglé. On y ajoutera l'Hiftoire ancienne, de laquelle on paffera à l'Hiftoire moderne, & particulièrement à celle de France : mais pour cette étude, nous avons abfolument befoin d'un nouvel ouvrage rédigé dans des vues différentes de celles qui ont dirigé la plûpart de nos Historiens gagés.

Nos nouveaux Historiens s'attacheront à nous présenter les effets de l'ignorance & de l'inexpérience des Princes, résultats nécessaires d'Educations dirigées par des hommes de Cour; les malheurs publics & particuliers que la confusion de tous les pouvoirs dans les mauvais Gouvernemens, le choix de Ministres corrompus & l'abandon des rênes de l'Etat entre les mains des Prêtres ou des Courtisannes, ont attiré sur les peuples : c'est à l'Histoire à nous peindre l'abrutissement dans lequel le régime de la féodalité & les préjugés de la superstition avoient plongé nos pères ; des armées d'hommes, marchant les unes contre les autres, & se massacrant de sang-froid au signal de despotes imbécilles ou furieux ; le fanatisme, à la voix de Prêtres scélérats & au nom du Dieu de paix, égorgeant dans une nuit un million de Citoyens par les mains de leurs Concitoyens; enfin la vérité, les droits de la nature & de l'homme, & les devoirs des Rois, toujours oubliés ou méconnus. Au milieu de tant d'horreurs, l'imagination fatiguée se reposera en voyant quelques hommes vertueux, quatre ou cinq Rois dans une longue révolution de siècles, qui ont aimé leurs sujets. Nos jeunes gens compareront alors ce qu'étoient leurs pères sous le despotisme, & ce qu'ils seront un jour eux-mêmes sous l'influence de la liberté : ils jugeront, par quelle suite d'abus, de tyrannies & de déprédations, le plus bel empire de l'univers a été conduit aux portes de l'abyme, & par quels efforts généreux & sublimes, l'union du Prince & des sujets l'a reporté au plus haut dégré de splendeur.

A cette étude importante se joindra l'étude des Mathématiques ; celle des principes de la Langue maternelle, qui seront appliqués ensuite aux principales Langues de l'Europe ; celle des loix écrites publiques & privées dont l'habitude de vivre sous les loix de la nature, leur aura facilité l'intelligence : ils passeront ensuite à l'étude des loix & des Gouvernemens des autres peuples, des traités & des intérêts politiques des Puissances.

De l'âge de douze à dix-huit, chaque année le Prince fera une tournée de deux mois dans l'intérieur du Royaume, de manière que dans ces six années, il l'ait parcouru tout entier, & qu'il connoisse les productions & l'industrie propres à chaque contrée : l'objet principal de ces voyages est de connoître les Choses ; l'objet de ceux dont nous allons parler sera sur-tout de connoître les Hommes.

Pour l'accompagner dans ces voyages, on

choisira parmi les Élèves qui se trouveront à cette époque ses Collègues, ou qui l'auront été précédemment, ceux qui seront le plus en état de l'aider à en tirer un parti avantageux & dont le caractère aura le plus d'analogie avec le sien.

De l'âge de dix-huit à vingt-un, son tems sera employé en totalité en voyages extérieurs, & les Collègues, qui devront l'accompagner, seront choisis au concours dans l'Ecole Nationale.

Il seroit inutile d'entrer, quant à présent, dans le détail de tous les moyens qui m'ont paru propres à rendre ces voyages aussi utiles qu'ils peuvent l'être ; si les bases du plan étoient adoptées, il y a non-seulement sur ces voyages, mais sur toutes les parties de l'Education que j'ai rapidement parcourues ici, une infinité de développemens que ce premier encouragement qu'auroit reçu mon zèle, m'engageroit à publier, & d'autres Ecrivains patriotes & plus éclairés, s'empresseront sans doute d'entrer dans la même carrière.

Je ne me permettrai que deux observations : c'est que, ces voyages doivent se faire sans aucun faste & avec le plus de simplicité possible : c'est que, c'est plutôt dans le fond des Provinces, dans les Campagnes où vivent les Nations, que dans les grandes Villes où le frottement use les physionomies, que dans les cours où les hommes

portent à peu près le même mafque, que le jeune
Prince apprendra à connoître le génie du peuple
qu'il vifitera.

Jufqu'au retour de fes voyages, le Prince n'aura
connu que des égaux & des Supérieurs d'âge,
de forces & d'expérience ; à fon retour, il fera
déclaré majeur, & commencera feulement alors
à jouir des prérogatives de fa place.

Cet article fera fans doute fort critiqué, parce
qu'il abroge la loi, qui fixoit à quatorze ans la
majorité de nos Rois.

Entrons dans quelques détails propres à le
juftifier.

Si l'on juge que l'Education des hommes en
général a befoin d'être fuivie jufqu'à vingt-un ans,
parce que c'eft l'âge à peu près auquel les forces
phyfiques achèvent de fe développer, l'âge de
la maturité du jugement ; parce que jufques alors
les principes & les habitudes qu'on a reçues, ne
font pas affez profondément enracinées pour ré-
fifter à la contagion de l'exemple & à l'yvreffe
des paffions ; parce que les jeunes gens indifcrè-
tement abandonnés à eux-mêmes, lorfqu'ils ont
encore befoin de guides, lorfqu'ils ne favent par
encore calculer les diftances, les obftacles, font
fujets à des écarts qui, quelquefois, font le malheur
de leur vie entière ; à plus forte raifon doit-on

porter le même jugement à l'égard des enfans des Rois, environnés de beaucoup plus d'écueils, en but à toutes les paſſions humaines, & dont le caractère & la conduite peuvent avoir tant d'influence ſur le bonheur public.

C'eſt dans les trois ou quatre années qui précèdent cette époque, que le génie ſe développe, que la raiſon ſe murit, que le jugement s'épure, que les principes s'affermiſſent, que l'on achève d'apprendre le rôle que l'on doit jouer dans la ſociété, que l'on ſe prépare à le remplir; & nous voudrions par une précipitation téméraire renverſer l'ordre de la nature, & donner pour Gouverneur aux hommes, des enfans dans l'âge où les autres ſont & ont beſoin d'être encore gouvernés.

On m'oppoſera les inconvéniens des longues régences; mais ces inconvéniens, quels qu'ils fuſſent ſous l'ancien régime, n'exiſtent plus ſous celui de la Conſtitution : celui auquel étoit déférée la régence, avoit comme celui qu'il repréſentoit un pouvoir abſolu, & l'intérêt des Rois de ſe reſaiſir, le plutôt poſſible, de leur autorité, bien moins que l'intérêt des peuples, avoit décidé à fixer la majorité à quatorze ans ; car quant aux peuples, qu'ils fuſſent gouvernés deſpotiquement par un Régent, ou ſous le nom d'un enfant par tous ceux qui l'environnoient, peu leur importoit, ce me semble.

Dans le nouvel ordre, les Régens seront choisis avec discernement, ils seront responsables, & un homme responsable craint d'abuser : l'autorité qu'ils exerceront sera, comme celle des Rois, déterminée par la loi ; s'ils s'en écartent, ils y seront rappellés par la Législature permanente : quant aux droits du Monarque, ils ne péuvent jamais être compromis, parce qu'ils sont sous la sauve-garde de la loi Constitutionelle.

---

### *Observations générales.*

Sans cesse en garde contre les prestiges de l'imagination, je ne me suis attaché, dans ce Mémoire, qu'à présenter un plan conforme à notre Constitution, propre à en développer l'esprit, & dont l'exécution fut facile & simple.

L'idée de réunir en commun les enfans de tous les Citoyens sans exception, de leur faire faire ensemble, & aux frais de la Nation, l'apprentissage de la vie, de les mettre au milieu de toutes les connoissances & de tous les arts, & de laisser à leurs talens & à leurs dispositions seules le soin de leur assigner le poste qu'ils doivent occuper dans la société, est la première idée qui m'avoit

frappé ; idée même à laquelle j'attachois la perfection à laquelle l'état focial pouvoit atteindre ;
mais j'ai reconnu bientôt mon illufion : il eft
évident en effet, d'abord, que des enfans dont
l'intelligence feroit continuellement exercée,
fe porteroient naturellement vers les objets de
connoiffances qui ont le plus d'attraits pour des
êtres raifonnables, & qu'il n'en eft aucun qui
n'eût en effet quelques difpofitions ou pour l'un
des principaux arts méchaniques, ou même pour
les arts libéraux ; qu'alors les arts les plus groffiers,
toutes les profeffions qui n'exigent que l'emploi
des bras, & en général des forces du corps,
celles fur-tout pour lefquelles l'habitude feule
peut vaincre la répugnance attachée à leur exercice, fe trouveroient peut-être abfolument aban-
données, tandis que les autres claffes de la fociété,
qui, naturellement doivent être les moins nôm-
breufes, feroient furchargées. Cette idée excellente chez les Spartiates qui avoient leurs Ilotes
pour exercer les arts les plus groffiers, & faire
les travaux les plus rudes, feroit impraticable
dans une fociété dont tous les Membres, quelles que
foient leurs fonctions, font libres & égaux ; elle
le feroit encore dans une fociété où les propriétés
font héréditaires ; car tandis qu'elle feroit paffer
dans les claffes fupérieures tous les enfans que leur

intelligence y appelleroit , elle ne pourroit parvenir à renvoyer dans les claffes inférieures & aux profeffions communes les enfans les plus dépourvus d'intelligence , qui auroient des propriétés à recueillir. L'Education particulière & domeftique que j'ai regardée comme auffi contraire à l'intérêt général de la fociété , que funefte aux individus , appliquée aux enfans des riches , n'a pas les mêmes inconvéniens pour les enfans nés dans la médiocrité , elle réunit au contraire tous les avantages en leur faveur. C'eft à la fuite de la charrue paternelle que fe formeront d'excellens Laboureurs ; c'eft lorfque les enfans fuivront la profeffion de leurs pères , & s'habitueront de bonne heure à leurs rudes travaux , que les arts de première néceffité , ces arts fi précieux à l'homme , les feuls peut-être néceffaires à fon bonheur , acquièreront la perfection dont il font fufceptibles : c'eft au fein de familles actives & laborieufes que tous les vices de nos gouvernemens n'ont pu corrompre , mais dont le mal-aife avoit tué l'énergie , que les enfans , fous un meilleur Gouvernement , contracteront l'habitude de toutes les vertus des hommes libres : la modération dans les défirs , la frugalité & la force de l'ame & du corps qui en font la fuite ; c'eft là qu'ils recevront réellement leur Éducation Nationale , tandis que les autres ne peuvent la recevoir que dans les Écoles publiques.

La Nation, en proportionnant par la sagesse des loix, l'aisance de ces familles à leur industrie, en établissant des Écoles primaires où leurs enfans s'instruiront de bonne heure de leurs droits & de leurs devoirs, aura fait pour elles tout ce que l'intérêt général exige, & elle achèvera d'assurer la prospérité de l'empire, en donnant les moyens de développemens les plus étendus à ceux de ces enfans qui, dans ces premières Écoles, annonceroient du génie ou de grands talens.

Je ne me suis permis d'entrer dans aucuns développemens ni sur l'ordre dans lequel les différentes connoissances doivent être classées entre elles, ni sur la manière dont chacune d'elles doit être présentée à l'esprit ; c'est un grand ouvrage qui se perfectionnera successivement par les encouragemens que les Législatures accorderont aux hommes de génie qui en feront l'objet de leurs recherches ; ce qui m'a paru le plus important & d'une importance si majeure, que sans cela les meilleures méthodes seroient inutiles, & qu'avec cela toutes les méthodes seroient presque bonnes, a été de fixer l'attention de la jeunesse, de s'assurer de sa docilité, de concilier à ses Instituteurs sa confiance & son respect, & de

porter fon émulation au plus haut dégré poffible ;
cette tâche, je crois l'avoir remplie par la Conftitution que j'ai propofée d'établir dans les Écoles
publiques, & fur-tout par la diftinction des pouvoirs entre les Maîtres & les Élèves, qui mettra
en jeu tous les refforts naturels, fera difparoître
abfolument la fource de tous les maux, le régime
arbitraire, & rendra la jeuneffe habile dans la
fcience de la liberté.

En mettant au nombre des études les élémens
d'Economie & de Méchanique, j'ai penfé, que
c'étoit un moyen infaillible de venger les arts
les plus utiles à l'homme, de l'efpèce d'avilifle-
ment auquel la fottife du préjugé fembloit les
avoir condamné, qu'en leur donnant des amateurs
dans la claffe des riches, on contribueroit à les
perfectionner, & j'ai eu pour but, de préfenter
à la jeuneffe des moyens-pratiques de s'exercer
à l'induftrie, de perfectionner l'ufage de fes fens,
& de l'habituer à fe fervir de fes inftrumens
naturels.

Les efpèces d'Ateliers que j'ai indiqué pour
une partie des Écoles Primaires de Paris,
peuvent s'établir fucceffivement & avec le plus
grand fuccès, dans la plupart des Écoles de
Canton ; c'eft un moyen de venir au fecours des
claffes les plus pauvres, fans aucune dépenfe

extraordinaire, de leur donner un nouvel attrait pour envoyer leurs enfans à l'Inſtruction de ces Écoles, en leur préſentant, dans le ſalaire qui ſeroit accordé à l'induſtrie de ceux-ci, une compenſation des ſervices qu'ils en recevroient euxmêmes ; enfin c'eſt le moyen d'attacher au travail & aux bonnes mœurs un grand nombre de ces enfans que l'oiſiveté & la miſère ſemblent condamner à la mendicité.

LA manière d'enſeigner la religion dans les Écoles publiques eſt un article très-délicat. Mais il me ſemble abſolument impoſſible d'eſpérer quelque ſuccès des ſoins que l'on prendra pour développer la raiſon & former l'intelligence des enfans à toutes les vérités naturelles, ſi en mêmetems on leur préſente, ſous le titre de vérités ſurnaturelles, des ſyſtêmes qui paſſent la raiſon & déroutent l'intelligence ; c'eſt bâtir & détruire en même-tems. La liberté des opinions religieuſes, cette liberté ſi ſacrée, eſt un des articles de la Déclaration des Droits ; elle eſt anéantie, ſi vous abuſez de la foibleſſe & de l'inexpérience du premier âge, pour forcer les enfans à recevoir, ſur parole & ſans examen, des préjugés qui leur ôteront la liberté du choix, lorſqu'éclairés par la raiſon ils pourroient choiſir ; ſi vous voulez être juſtes envers ces enfans, & conſéquens avec vous-

mêmes, voici la conduite que vous suivrez :
vous inftruirez vos enfans de toutes les mer-
veilles de la nature ; ils concevront aifément que
l'harmonie qui règne dans l'univers, n'eft point
& ne peut être l'ouvrage du hafard ; par la perfection des ouvrages, ils fe feront une idée de
la perfection de l'ouvrier ; vous leur ferez con-
cevoir aifément encore que l'hommage le plus
agréable que le grand fabricateur de l'univers
puiffe recevoir de fes créatures, eft que chacune
d'elles rempliffe la fin pour laquelle elle a été
créée : ils verront d'un côté toutes celles qui
n'ont point reçu la raifon en partage, tendre
d'elles-mêmes & fans efforts à cette fin, fans
avoir la liberté de s'en écarter ; ils verront l'homme,
feul être libre dans fa marche, ayant fa raifon
pour guide & fon bonheur pour fin, & pouvant
acquérir un grand mérite aux yeux de fon Créateur
en rempliffant fa deftinée ; vous leur ferez paffer
enfuite fucceffivement fous les yeux les cultes
différens que les différens peuples ont rendu à
l'Auteur de la nature, & alors, fans doute, la
fublimité de la Morale de l'Evangile, que la
pureté de leur cœur & la netteté de leurs idées
les aura difpofés à goûter, les décidera en faveur
du culte que ce code d'amour univerfel prefcrit.
C'eft ainfi que vous formerez des hommes libres,

religieux

religieux & craignant Dieu, des adorateurs en
esprit & en vérité.

Je ne terminerai point ce Mémoire, sans faire
une observation relative à l'Education des femmes
dont le bonheur est si intimement lié au nôtre.

Je pense que la meilleure Education qu'elles
puissent recevoir, est celle qu'elles recevront de
leurs mères, sous les yeux & à l'exemple desquelles
elles se formeront à toutes les vertus domestiques
& privées. Les loix n'ont rien à prescrire à ce
sujet; c'est à leur influence à rappeller les bonnes
mœurs, & lorsque l'empire des mœurs sera rétabli,
l'Education des filles sera nécessairement bonne.
L'Education publique & sociale qui m'a paru la
seule convenable à des hommes destinés à vivre
les uns avec les autres, à traiter ensemble, à
remplir des fonctions publiques, ne me paroît
convenir sous aucun rapport aux femmes, parce
qu'elle ne leur présente l'image d'aucun des devoirs qu'elles auront à remplir un jour, & ne peut
être pour elles, ce qu'elle est pour les hommes,
l'apprentissage de la vie; c'est en voyant l'atta-
chement que leurs mères auront pour des époux
librement choisis, les tendres soins que celles-ci
prodigueront à leurs enfans, que les filles apprendront à devenir aussi épouses & mères.

L'expérience nous a prouvé jusques ici, que,

I

malgré la corruption des mœurs publiques, ce
ne font pas les filles qui ont été abritées dans
les Couvens, qui ont enfuite le mieux connu &
rempli leurs devoirs dans la fociété.

Je défirerois qu'un homme de génie, qui fe
feroit bien pénétré des rapports que la nature a
établi entre les deux fexes, & des fonctions
diverfes qu'elle a affigné à chacun d'eux, s'oc-
cupât pour l'Education des femmes, d'un ouvrage
Encyclopédique qui réuniroit les Elémens des
différentes connoiffances qui leur conviennent
particulièrement, qui leur préfenteroit leurs droits
& leurs devoirs, & qui, en leur expliquant d'une manière fenfible la diftinction des pouvoirs qui exiftent
entre les deux moitiés du genre humain, les con-
vaincroit, que la manière d'affurer l'empire
qu'elles doivent naturellement avoir fur les hommes, confifte à ne pas vouloir ufurper celui que
les hommes doivent naturellement avoir fur
elles.

F I N.

www.ingramcontent.com/pod-product-compliance
Lightning Source LLC
LaVergne TN
LVHW012333170726
843503LV00002B/826